U0671764

本书为河南省教育厅哲学社会科学应用研究重大项目"中央与地方金融监管权的划分问题研究"（2016-YYZD-06）的项目成果

谭波 著

中央与地方金融监管的权力配置与运行

Power Allocation and Operation of Central and
Local Financial Supervision

社会科学文献出版社
SOCIAL SCIENCES ACADEMIC PRESS (CHINA)

前　言

中央与地方关系是一个大概念，相比之下，其中最能代表中央与地方关系实质的应该是中央政府与地方政府之间的纵向关系。政府间纵向关系，按照一些学者的总结，可以理解为包含六个方面：中央与地方的事权、财权、规划权、组织权和立法权的配置，地方政府的诉求表达机制，中央政府对地方政府的领导制度，中央政府对地方政府的控制制度，中央政府与地方政府的合作机制以及中央政府与地方政府的纠纷解决机制。① 对于中央与地方的关系和权力配置来说，金融监管权的划分只是其中一个相对较小的方面。但是，这个方面在目前央地金融关系甚至经济关系格局稳定中所发挥的作用，不可小觑。

就中央层面而言，其实它有实际的承担机构，如中国人民银行、中国银行保险监督管理委员会、中国证券监督管理委员会、国家外汇局等，诸如此类的机构代表了中央，虽然它们最终都由

---

① 参见应松年主编《行政法与行政诉讼法学》，高等教育出版社，2017，第65～66页。关于这个问题，笔者曾跟随薛刚凌教授在相关课题中做过专门研究，参见薛刚凌主编《行政主体的理论与实践：以公共行政改革为视角》，中国方正出版社，2009，第十一章"地方行政主体"；关于纠纷解决机制，笔者亦跟随薛刚凌教授在央地关系的相关课题中做过类似研究，参见薛刚凌主编《中央与地方争议的法律解决机制研究》，中国法制出版社，2013，第五章"中央与地方争议的立法解决机制"。

国务院领导，但从实际的职权行使上，它们代表了中央政府的态度，当然在一些重大的方向性决策上，国务院甚至党中央都要对此有一个宏观的定调，这是必然的。党的十九大报告中对防控"系统性金融风险"的提法就是一个宏观和中观兼具的决策（方向）。① 就地方而言，金融监管权的承担除了上述中央机关的派出机构之外，最重要的还有地方的金融服务办公室或金融工作办公室，2018 年地方机构改革之后，很多地方设置了相应的地方金融监督管理局。这足以说明，在中央的监管触角之外，仍然需要地方有独立的监管体制设置，这也是央地金融监管权划分的客观基础和现实需要所在。

从金融监管这一特殊行业来反观央地权力配置，会发现在各种行政领域中，央地权力划分都有其个性化的特点，这些特点与央地权力划分的共性特点，构成了我国央地关系及其权力配置的全貌和谱系。

---

① 周小川：《守住不发生系统性金融风险的底线》，转引自《党的十九大报告辅导读本》，人民出版社，2017，第 100～110 页。

目　录

第一章 监管的内涵与金融监管的形成

第一节 对监管的界定

一 监管的词源分析及相近概念对比

（一）监管的词源分析

"监管"一词，源自英文中的"regulate"，直译应该是"监督管理"，在我国的汉语词汇中，"监管"本意为"对犯人监视管理"，[①] 后来随着国外监管理论的引入，《现代汉语词典》才对"监管"增加了注释义项，"监督管理"成为和"监视管理"（to supervise、to keep watch on）并列的解释义项。[②] 在实际经济生活中，我国金融行业的监管委员会即证监会、银保监会的全称就是"中国证券监督管理委员会""中国银行保险监督管理委员会"，这可以说明，"监督管理"这种含义的使用就是对"监管"的解释。监管在英语语境中的真实含义是通过规则条例来达到约束、控制的目的（to control sth、by means of rules）。其名词形式"regulation"

---

① 中国科学院语言研究所词典编辑室编《现代汉语词典》（试用本），商务印书馆，1973，第490页。

② 中国社会科学院语言研究所词典编辑室编《现代汉语词典》（汉英双语，2002年增补本），外语教学与研究出版社，2002，第941页；中国社会科学院语言研究所词典编辑室编《现代汉语词典》（第5版），商务印书馆，2005，第663页。

和形容词 "regulatory" 就是 "相应的规则" 以及 "带有规制性的"。这一点在《中华人民共和国证券法》和《中华人民共和国银行业监督管理法》中多有体现。金融监管是世界通例，我们以美国的金融监管系统为例略做说明（见表 1 – 1）。

表 1 – 1　美国金融监管系统中的一些既定规则

序号	规则类型	规则具体内容
1	Regulation A	美国证券交易委员会（The U. S. Securities and Exchange Commission, SEC）制定的规则，规定发行金额低于 500 万美元的小额证券发行的登记手续
2	Regulation D	美国证券交易委员会制定的规则，规定免除某些证券发行（如以私募发行方式发行证券）依 1933 年《证券法》（*Securities Act*）所需的登记手续
3	Regulation J	美国联邦储备委员会（The Federal Reserve System, FR）制定的规则，规范其成员银行间托收支票及转移资金的行为
4	Regulation M	美国联邦储备委员会制定的规则，规定美国银行向国内发放外汇贷款时，必须提取 4% 的准备金，以此控制国内的货币供应
5	Regulation Q	美国联邦储备委员会依 1933 年《银行法》（*Banking Act*）制定的适用于所有商业银行的规则，对储蓄存款的利息率做了最高限制
6	Regulation T	美国联邦储备委员会制定的规则，控制证券经纪人向客户提供信贷的规模
7	Regulation U	美国联邦储备委员会制定的规则，对银行向客户提供用于购买或持有保证金证券的货款金额做了限制
8	Regulation X	美国住房与城市发展部（HUD）为实施《不动产购置程序法》（*Real Estate Settlement Procedure Act*）的条款而制定的规则
9	Regulation Z	美国联邦储备委员会制定的实施 1968 年《消费信贷保护法》（*Consumer Credit Protection Act*）的有关条款的规则

资料来源：薛波主编《元照英美法词典》，法律出版社，2003，第 1171 ~ 1172 页。

从性质上来说，如表 1 - 1 所说的美国证券交易委员会（SEC）实际上就属于独立监管机构（regulatory agency），就是为了监督某一经济领域而建立的，有权制定规章并加以执行，同时有权裁决被指控违反规章的案件。而美国联邦储备委员会（FR）则相当于美国的中央银行，中央银行在各国的金融监管系统中都是处于最重要位置的机构。

（二）相近概念对比

与监管相近的词是"管制"，但"政府管制"在国外其实是所有行政审批的代名词和统称。监管有时则更多强调通过法律手段来进行，管制的行政化与监管的法治化形成鲜明对比。如果某些国家或其地方有很多管制，比如外汇兑换的审批、境内外资本流动的审批，以及各种融资限制，其金融业发展就会艰难前行甚至绕道避而远之。[①]

但本书所指监管，据其语境，仍主要指行政监管。比如 2017 年 4 月中国银监会发布《关于开展银行业"监管套利、空转套利、关联套利"专项治理工作的通知》，实际上就是对银行等金融机构的一些违规套利行为的监管，"针对监管套利，重点梳理规避信用风险指标、资本充足指标、流动性风险指标等违规套利行为；针对空转套利，重点梳理信贷空转、票据空转、理财空转、同业空转等套利行为；关联套利则主要涉及违规向关联方授信、转移资产或提供其他服务、违反或规避并表管理规定的操作"。[②] 一些学者

---

① 谭保罗：《打造新兴金融中心，广州如何发挥"后发优势"?》，《南风窗》2017 年第 8 期，第 27 页。

② 孙璐璐：《银监会开展"三套利"整治或迎来监管"大年"》，《证券时报》2017 年 4 月 12 日，第 A5 版。

也在研究中提出要加强对银行监管套利的监管，"把影子银行纳入监管之下，重新确立股市运作规则"，^① 认为这是遏制信用过度扩张的良策。这里的监管一方面旨在将相应的风险控制住，另一方面，对于一些有违规事实证据的行为，依法予以严惩。2018 年 1 月，中国证监会主席郭树清提出对于一些不法分子通过复杂架构、虚假出资、循环注资，违规构建庞大的金融集团，必须依法予以严肃处理，因为这些行为已成为深化金融改革和维护银行体系安全的巨大障碍。^②

二 监管的性质与分类

（一）监管的性质——基于网络虚拟货币监管的分析

1. 现代性与国情性

监管本身就是现代社会政府经济管理发展的产物，有其现代

---

① 易宪容：《金融风险的症结是信用过度扩张》，《财经》2017 年第 12 期，第 37 页。"影子银行"（Shadow Banks）是指游离于银行监管体系之外、可能引发系统性风险和监管套利等问题的信用中介体系（包括各类相关机构和业务活动）。国内的"影子银行"，更多的是阐释一种规避监管的功能，主要包括信托公司、担保公司、典当行、地下钱庄、货币市场基金、各类私募基金、小额贷款公司、各类金融机构理财等表外业务、民间融资等。中国银监会 2012 年首次明确影子银行的业务范围："银监会所监管的六类非银行金融机构及其业务、商业银行理财等表外业务不属于影子银行。"参见《说说"影子银行"》，《京西时报》2015 年 3 月 18 日，第 3 版。以货币市场基金为例，部分不具备基金销售业务资格的互联网机构、非银行支付机构直接或变相从事基金销售业务，规避监管；个别基金存在排他性销售、非公平竞争情况；部分基金在宣传推介中存在片面强调收益性和便利性，对投资者风险揭示不足等问题。中国证监会：《中国证监会与中国人民银行联合发布〈关于进一步规范货币市场基金互联网销售、赎回相关服务的指导意见〉》，http://www.csrc.gov.cn/pub/newsite/zjhxwfb/xwdd/201806/t20180601_339013.html，最后访问日期：2018 年 6 月 2 日。

② 曹一：《银监会挥利剑》，《南方周末》2018 年 1 月 25 日，第 B18 版。

性，以金融监管为例，一个有效的、与时俱进的金融监管体系，必然是与正在运行的金融体系相匹配的监管体系。[①] 监管区别于单纯的管理，在中国近代历史上，曾出现的所谓"官督"实际上只是旧式行政管理的体现。[②] 伴随着现代社会经济的转型，同时也是稳定秩序的需要，监管在我们的生活中已经融入甚深。其实，"监管权作为国家公权力的重要组成部分，涉及立法、行政、司法领域"。[③]

　　监管具有明显的国情依托，除了传统的对象与领域，一些新生事物在不同国家不同发展时期可能也会被选择纳入或不纳入监管体系。对于这些新生事物，如果从一开始没有给予一定的制约，很可能经历的就是这种事物及其相关业态的"野蛮生长"，而最终对这个新生事物及其所依托的金融科技是一种致命的伤害。以虚拟货币比特币（Bitcoin）为例，这种非法定货币的电子化趋势代表了监管发展的最新态势，而且在不同国家受到不同程度的监管（见表 1-2）。

表 1-2　不同国家政府对比特币的态度

洲别	国家	态　　度
北美洲	美　国	美国商品期货交易委员会（Commodity Futures Trading Commission，CFTC）将比特币归类为"商品"，各州相继推出数字货币监管法规，确定数字货币行业的监管框架，芝加哥期权交易所和期货交易所先后于 2017 年 12 月推出比特币期货

[①] 李华珍：《金融体系深化改革的重点》，《光明日报》2017 年 4 月 11 日，第 11 版。

[②] 刘刚、李冬君：《中国近代的财与兵》，山西出版传媒集团、山西人民出版社，2014，第 134 页。

[③] 潘波：《银行业监管权研究——行政法语境下的理论与实践》，中国法制出版社，2012，第 3 页。

续表

洲别	国家	态　　度
欧　洲	德　国	表示支持比特币的合法化，但需要对正常交易征税
	英　国	对比特币态度积极，承认比特币作为一种货币存在
	西班牙	允许比特币存在，只要按照相关法规交税即可
	芬　兰	将比特币归类为金融服务，免收增值税
	波　兰	将比特币看作金融工具，而非货币，但允许其存在
	比利时	允许比特币存在，免收交易增值税
	法　国	谨慎，在反洗钱等金融风险上对比特币要求严格
	俄罗斯	对比特币持负面态度，最近有所松动
亚　洲	中　国	谨慎、控制，承认比特币的虚拟商品属性
	日　本	批准数字货币监管法案，并将比特币定义为财产
大洋洲	澳大利亚	对比特币征收增值税

　　资料来源：参见《2014~2016 全球比特币发展研究报告》，转引自曹蓓《是非比特币》，《凤凰周刊》2017 年第 29 期，第 24 页。

　　从表 1-2 中不难看出，对待同一种新生事物，不同国家在对其定性时存在很大差异，比特币如果被认定属于财产、金融工具抑或金融服务，其所面临的金融监管也差异极大，同时也会影响到其税收的承担。比如，2017 年我国通过并实施的《中华人民共和国民法总则》第 127 条规定，"法律对数据、网络虚拟财产的保护有规定的，依照其规定"。这说明在我国对虚拟货币的保护和监管也已经提上了日程。但对于"其究竟是物权还是债权，目前仍未达成共识"。[①] 不同国家对虚拟货币的不同定性，一

---

　　① 王利明：《民法总则》，中国人民大学出版社，2017，第 89 页。

方面反映了各国的金融政策，另一方面也直接影响了对虚拟货币的监管态度。

从世界各国的监管态度来看，堪称多元化。2018 年 1 月，美国商品期货交易委员会（CFTC）首次对三家虚拟货币交易平台提起诉讼，称其欺骗客户并违反了大宗商品交易的规则。美国证券交易委员会（SEC）则多次驳回数字加密货币交易所交易基金（ETF）的上市申请，其驳回原因包括估值风险、流动性不足、套利风险、市场操控和欺诈风险。[①] 同样，2018 年 1 月，基于前期虚拟货币不断被盗的事实，日本金融厅向该国约 30 家虚拟货币交易公司发出通知，警告其存在遭受网络攻击的风险，并敦促其加强系统安全保障。[②] 日本金融厅对日本第二大虚拟货币平台 Coincheck 检查发现，其属于无证经营，因此依据金融结算法对其进行行政处分，可见其中还涉及相应的行政许可的事前监管问题。

2. 监管的不足与滞后性

多数时候，从实际情况而言，监管一旦上路，就开始显现其自身的不足和滞后性了，因为当国家或政府发现问题并给予监管之时，其实多数是该问题已经到了不可不监、不可不管的地步，"防患于未然"式的监管并非不存在，但毕竟很少存在，即便如此，相对于立法行为来说，政府行为的回应也已经是较为迅速的了。比如，韩国着手制定禁止虚拟货币的法案，德国联邦银行建议出台监管虚拟货币的国际规则，加拿大正制定相关监管政策。

---

① 胡越：《虚拟货币全球监管风暴》，《凤凰周刊》2018 年第 7 期，第 83 页。

② 李珍、赵觉程：《虚拟货币被盗，日本交易所要赔》，《环球时报》2018 年 1 月 29 日，第 11 版。

但也有学者认为，监管可能成为一把双刃剑，监管高压下的比特币有可能成为下一轮经济泡沫。[①]

表1-2中有关监管态度的内容只是某一时段（如2014～2016年）的阶段性统计，随着金融形势的发展，各国的态度也在发生变化，比如英国的金融行为监管局（Financial Conduct Authority，FCA）就在2017年12月表态，"比特币具有商品属性，而非货币属性，缘于该币种无法作为代表政府或央行的标志，商品类投资并不受FCA监管，因此如果对比特币进行立法或监管并不属于职责所在。如果市场仍需要FCA对这类投资作出监管，就需由议会和政府一致通过更改相关法律才能获得授权"。[②] 这与表1-2中英国的态度存在一定差异，说明其在政策观念上的变化。而在我国，2013年12月中国人民银行、工业和信息化部、中国银行业监督管理委员会、中国证券监督管理委员会、中国保险监督管理委员会联合印发了《关于防范比特币风险的通知》。该通知明确了比特币的性质，认为比特币不是由货币当局发行的，不具有法偿性与强制性等货币属性，并不是真正意义的货币。

从性质上看，比特币是一种特定的虚拟商品，不具有与货币等同的法律地位，不能且不应作为货币在市场上流通使用。[③] 但比

---

① 二阶堂遼馬：《580億円消失、コインチェックの「問題姿勢」》，《週刊東洋経済》，東洋経済新報社，2018，1/27号。

② 冷静：《英国金融监管局FCA表示监管比特币不属于职责范围》，http://cn.forexmagnates.com/2017/12/15/regulation/77772414731，最后访问日期：2018年1月20日。

③ 黄艳艳：《中国防范比特币风险 易宪容：再玩下去都被炒死》，http://finance.chinanews.com/fortune/2013/12-06/5586744.shtml，最后访问日期：2018年1月20日。

特币依托的区块链（Blockchain）技术仍然在 2016 年被写入《国务院关于印发"十三五"国家信息化规划的通知》，而政策层面仍不太明显。2017 年 1 月 11 日，央行北京营管部和央行上海总部同时发布消息，宣布联合地方金融部门组成检查组，进驻火币网、币行、比特币中国等平台，就企业是否超范围经营，是否未经许可或无牌照开展信贷、支付、汇兑等相关业务，是否有涉市场操纵行为，反洗钱制度落实情况，资金安全隐患等进行现场检查。① 2017 年 9 月，中国人民银行、中央网信办、工业和信息化部、国家工商总局、中国银监会、中国证监会、中国保监会等七部委联合下发《关于防范代币发行融资风险的公告》，其中重点提到，"代币发行融资是指融资主体通过代币的违规发售、流通，向投资者筹集比特币、以太币等所谓'虚拟货币'，本质上是一种未经批准非法公开融资的行为，涉嫌非法发售代币票券、非法发行证券以及非法集资、金融诈骗、传销等违法犯罪活动"。据此，比特币交易所被要求全部关停退市。究其原因，主要就是比特币等虚拟货币缺乏明确的价值基础，市场投机氛围浓厚，投资者盲目跟风炒作，造成资金损失。② 监管态势的更新速度在不同国家有快有慢，有些是由紧变松，也有的由松至紧，但总体来说是根据各国的实际需要来定的，毕竟，金融监管本身就具有明显的国情性。2018 年 8 月，中国银保监会再次提醒：此类活动以"金融创新"为噱头，实质是"借新还旧"的庞氏骗局，资金运转难以长期维系。不法分子通过幕后操纵所谓虚拟货币价格走势、设置获利和

① 董亚雪：《比特币这是要合法化的节奏？可能遭遇监管元年》，《北京青年报》2017 年 1 月 17 日。

② 吕锦明：《互金协会：比特币缺乏明确价值基础》，《中国证券报》2017 年 9 月 14 日。

提现门槛等手段非法牟取暴利。此外，一些不法分子还以 ICO、IFO、IEO 等花样翻新的名目发行代币，或打着"共享经济"的旗号以 IMO 方式进行虚拟货币炒作。[①]

其实，从大的归类来说，比特币可以被归入所谓数字货币或电子货币，这些对象已经成为世界各国重视、研究的目标，有些国家甚至总结出专门的词来指称，即"法定数字货币"（Central Bankissued Digital Currency，CBDC），欧央行则把 CBDC 称为数字基础货币（Digital Base Money，DBM）。中国人民银行副行长范一飞曾撰文，认为是普通货币配上数字钱包，只是电子货币，只有加密存储于数字钱包并运行在特定数字货币网络中，才是纯数字货币，具有网络上的唯一性。而中国人民银行原副行长吴晓灵则指出，"法定数字货币永远不会是比特币这样的算法货币"。

从实际应用层面来看，截至 2016 年 9 月，世界上已有 682 种加密货币，总市值甚至达到 119.62 亿美元，只不过其中比特币所占比例最高（79%），其带动了世界范围内几百种加密数字货币的产生，其他新型数字货币诸如以太坊（Ethereum）占 9%、莱特币（Litecoin）占 2%、瑞波币（Ripple）占 2% 等，因此，对这种虚拟货币的监管已然成为一种必须解决的现实问题，强化监管科技（Reg Tech）也成为"道高一丈"的必然选择。[②] 2017 年 6 月，中国人民银行货币金银局发布的《关于冒用人民银行名义发行或推广数字货币的风险提示》中称"目前市场上的所谓

[①] 王仁宏、曹昆：《银保监会：警惕以"虚拟货币""区块链"名义进行非法集资诈骗》，http://finance.people.com.cn/GB/n1/2018/0824/c1004 - 30249658.html，最后访问日期：2018 年 8 月 29 日。

[②] 王力为、张宇哲、于达维：《数字货币革命》，《财新周刊》2017 年第 24 期，第 36~37 页。

'数字货币'均非法定数字货币,某些机构和企业推出的所谓'数字货币'以及所谓推广央行发行数字货币的行为可能涉及传销和诈骗",《江苏省互联网传销识别指南》(2017 年版)相比 2016 年,主要增加了数字货币传销和微信传销两大种类。[1]

2017 年 9 月,韩国监管机构韩国金融服务委员会(Financial Services Commission)禁止所有形式的代币融资(Initial Coin Offering),理由在于虚拟货币交易须严密管制和监控,但也并不意味着政府将虚拟货币交易纳入韩国金融系统,政府将继续监控市场以观察是否需要更多的管控措施。2018 年初,随着电脑黑客的猖狂,很多所谓加密货币都出现了市值蒸发或大量跌幅的问题,有些国家的监管机构也称"加密货币可以被犯罪分子用来洗钱",一些电子社交网络平台如 Facebook 则称这些所谓电子货币实际上是在"使用误导性或欺骗性手法来宣传金融产品和服务,比如二元期权及加密货币等"。[2] 2018 年 2 月,韩国政府继续表态,表示并没有

---

[1] 曹蓓:《传销升级:突破人性底线的新"马甲"》,《凤凰周刊》2018 年第 15 期,第 80 页。据 2018 年 8 月中国官方的统计,这些诈骗类的虚拟货币主要包括:张健五行币,下线多达 18 万人,传销头目宋密秋已被中国警方抓获;亚欧币,诈骗 40 亿元,7 万余人被骗一空;GCB 光彩币,注册会员数十万人,涉案金额上亿元;EGD 网络黄金,注册会员 50 万人,涉案金额 109 亿元;万福币,注册会员 13 万人,涉案金额 20 亿元;暗黑币,注册会员 3 万多人,涉案金额 15 亿元;维卡币,注册会员 180 万人,涉案金额 6 亿余元;莱汇币,注册会员 20 万人,涉案金额 5 亿余元。此外,打着新概念外汇跟单旗号的还有 Discovery 摸金派 π、克拉币、DGC 共享币、百川币、麦格币、恒星币、Gem Coin 珍宝币、FC 赫尔币、开心理财网、蒂克币、BGB 贝格邦、BBT 金币、OFC 万维币、马克币、利阁币、雷达币、摩哈币、中国物联网数字货币中心。

[2] 郭晨琦:《屋漏偏逢连夜雨,比特币两个月内市值蒸发过半》,《第一财经日报》2018 年 2 月 2 日。

禁止或压制数字货币市场的意向，但要对交易所进行收紧监管，新用户在开户时也必须实名认证，[①] 而印度也承诺打击适用加密货币用于非法用途，并强调加密货币不是合法货币，前十大交易所在内的本土比特币交易所账户暂停交易，银行还要求比特币交易所就其借款提供额外担保，奥地利央行则认为有必要立法，一方面管控数字加密货币，另一方面也借此降低洗钱风险。

从外延和隶属关系上来说，数字货币包括电子货币与虚拟货币，前者是法定货币的电子化，包括银行卡、网银、电子现金、支付宝、微信钱包、财付通等，[②] 其中后三类都属于第三方支付平台，有的还与银行账户连在一起，能够实现收（付）费的双向化，能够实现一定额度的转账，这种支付和转账与银行转账没有太大差别，[③] 且都源于央行发行的法定货币；虚拟货币则属于非法定货币的电子化，也被称为电子加密货币（cryptocurrency）（见表 1 -

---

① 汤海帆：《比特币遭遇全球监管风暴》，《法制晚报》2018 年 2 月 7 日，第 A11 版。

② 2018 年 1 月，中国人民银行发布《关于改进个人银行账户分类管理有关事项的通知》（银发〔2018〕16 号），提出三类账户划分的问题，其中，Ⅱ 类户是"钱夹"，个人日常刷卡消费、网络购物、网络缴费通过该账户办理，还可以购买银行的投资理财产品。Ⅲ 类户是"零钱包"，主要用于金额较小、频次较高的交易，尤其是目前银行基于主机的卡模拟（HCE）、手机安全单元（SE）、支付标记化（Tokenization）等创新技术开展的移动支付业务，包括免密交易业务等。参见《中国人民银行就〈关于改进个人银行账户分类管理有关事项的通知〉答记者问》，http：//www. chinamfi. net/News_ Mes. aspx？type = 16&Id = 51530，最后访问日期：2018 年 1 月 22 日。这种区分实际上也可以看作未来金融监管的趋势，对不同的账户类型必然会采取不同监管强度的举措。

③ 河邑忠昭：《亲身体验中国的 IT 社会》，《凤凰周刊》2017 年第 27 期，第 77 页。

3），包括比特币和腾讯 Q 币等，主要存在于特定的虚拟环境中，但缺乏交易媒介和记账单位，主要服务于货币持有者和网络经营者。具有匿名性的虚拟货币实际上就是加密货币，其提供的一个关键要素就是能够防止现金支付目前所承受的审查，并且向消费者提供安全保障，防止每一笔交易都能够被追踪到细节，这便是加密货币如比特币的 "发光" 之处，加密货币可以提供与现金相同的日常匿名性。[①]

表 1 - 3　2017 年市值前十名的加密货币综合比对一览

品　　　种	月（%）	年初至今	市　　值	交易量占比（%）
BTC/USD 比特币	134.11	1850.80	$318.67B	36.35
ETH/USD 以太坊	98.52	8700.00	$79.85B	8.77
BCH/USD 比特币现金	53.99	—	$36.99B	6.36
XRP/USD 瑞波币	206.41	—	$33.16B	4.06
LTC/USD 莱特币	345.45	7242.30	$20.16B	5.64
ADA/USD 艾达币	400.00	—	$14.88B	0.77
TOT/USD 埃欧塔	340.62	—	$11.70B	0.86
DASH/USD 达市币	141.99	—	$9.54B	0.75
XEM/USD 新经币	258.29	—	$8.92B	0.45
XMR/USD 门罗币	172.18	—	$5.95B	0.57

资料来源：《2018 年必须知道的几个加密货币，或是市场新宠》，汇通网，http://news.fx678.com/201801151346082292.shtml，最后访问日期：2018 年 1 月 21 日。

3. 监管的前瞻性

如果说关于监管态势的列表还不能具体说明这种监管趋势的发展的话，那么各国央行或其他金融监管机构的措施列示就更好地反应了当下的监管大势（见表 1 - 4）。

[①] 巴比特：《瑞典央行计划两年内发行国家加密货币 e - Krona，成全球首个无现金社会》，http://tech.163.com/18/0118/22/D8FFDUNO00097U7R.html，最后访问日期：2018 年 1 月 21 日。

表1-4　世界主要货币当局对法定数字货币（CBDC）的关注和进展

序号	金融监管机构	监管举措与态度及相应时间表
1	中国人民银行 People's Bank of China	2017年2月，法定数字货币原型系统和数字票据交易平台沙箱试验成功。2017年5月，中国人民银行旗下数字货币研究所正式运行。近期提出相对成体系化的、基于银行账户与数字货币钱包分层并用的设计思路，在较大程度上抵消发行CBDC对银行体系的冲击
2	欧洲中央银行 European Central Bank	着眼于大额支付系统的改造。2017年1月，欧央行启动了对新的"TARGET实时支付"系统的征求意见。主要内容之一是让支付机构可以直接使用CBDC进行实时支付，2017年6月前决定是否开发一个新"TARGET实时支付"系统，该系统最早可能在2018年开始运行，面向消费者的CBDC停留在理论探索阶段
3	美国联邦储备系统① The Federal Reserve System	对发行CBDC态度相对保留。3月初美联储官员迄今为止唯一一次就CBDC问题公开沟通，聚焦其可能带来的风险。Fedcoin其实与美联储并无直接关系。与加拿大CADcoin不同，Fedcoin直接对应现金，是面向消费者的支付手段，而不只是大额支付结算工具
4	英格兰银行 Bank of England	在英国财政部于2014年底就数字货币征求意见后，英格兰银行在其2015年2月发布的"统一银行研究议程"（OBRA）中，将CBDC列为该议程五大主题之首；2016年1月改造大额支付系统，让支付服务提供商（PSPs）等非银行机构直接接入其实时全额支付系统（RTGS）原型验证后，英格兰银行集中精力与新RTGS系统进行设计搭建。目前，英格兰银行集中精力于新的RTGS系统的设计搭建；将于2017年11月20～21日在英格兰银行总部开展

---

① 美国联邦储备委员会或美国联邦储备系统，在美国国内经济体系中的作用相当于美国的中央银行，这个系统是根据《联邦储备法》（*Federal Reserve Act*）于1913年12月23日成立的。美联储的核心管理机构是理事会（美国联邦储备委员会），其他还包括联邦公开市场。

续表

序号	金融监管机构	监管举措与态度及相应时间表
5	加拿大银行 Bank of Canada	通过"Jasper 项目",研究 CADcoin 的一个基于 DLT（Distributed Ledger Technology）的模拟大额支付系统。参与该系统的金融机构可以拿资金（现金抵押物）换加拿大银行发行的 CADcoin，后者可被各金融机构用于交易结算。为期一年的"Jasper 项目"结论为，目前 DLT 技术未优于中心化支付体系，但未来随着 DLT 技术的快速发展，将会提升金融体系效率
6	日本银行 Bank of Japan	主要停留、聚焦在技术层面。日本银行副行长中曾宏在 2016 年 11 月提到，将尽最大努力深入了解包括区块链和 DLT 在内的新技术。2016 年 12 月与欧央行建立联合研究计划，合作研究 DLT 的使用，2017 年内发布研究成果
7	瑞典银行 Sveriges Riksbank	2017 年 3 月 14 日发布《瑞典央行数字克朗项目计划》，详细阐述该项目的目标、时间表、人力及预算分配。该项目研究的数字克朗必须适用于小额交易，即不只是主要为大额交易服务，同时不会完全取代现金。2018 年厘清监管要求和运行建议及采用技术，2018 年底前决定是否发行数字克朗（e‐Krona），若是，则进入第三阶段，聚焦具体开发和执行
8	中国香港金融监管局 Hong Kong Monetary Authority	CBDC 在银行、金融机构、企业之间大额支付，以及在债券交易领域的应用，2017 年底前完成 CBDC 第一期研究，将对数字货币应用于中国香港的银行间支付以及债券交收的可行性和利弊，提出初步分析

资料来源：摘自财信记者整理的相关图表，转引自王力为、张宇哲、于达维《数字货币革命》，《财新周刊》2017 年第 24 期，第 40～41 页。

有的学者对此做过深入研究，将主要国家对比特币的态度分为三种。

（1）承认比特币的法律地位，允许其在一定范围内具有货币职能。如德国政府对待比特币一直持较为积极的态度，承认比特币的合法地位，认为其属于"私人货币"（Private Currency）的范畴。比特币在日本被视为一种合法的"加密数字货币"，许多商家接受比特币支付。日本在 2016 年修改《资金结算法》时，专设第三章之二"虚拟货币"。另外，东南亚国家（包括泰国、新加坡、菲律宾、柬埔寨等）对加密货币的监管态度相对宽松，2017 年 8 月，新加坡金融管理局（MAS）声明对涉及《新加坡证券与期货法》（SFA）的 ICO（Initial Coin Offering）进行监管，但所谓监管就是完成必要手续，提供招股说明书，如果不走证券发行，只需要有 ICO 白皮书足矣，而且白皮书内容没有硬性规定，只要不涉及洗钱和资助恐怖主义行为即可。[①]

（2）不认为比特币具有货币属性，但承认其具有一定的财产价值。英国并未明确规定比特币的法律地位，但也并未禁止比特币交易。美国对待比特币的态度比较微妙，经历了从积极到谨慎的转变。从美国联邦政府以及各州政府的态度看，比特币被认为是一种金融工具或者证券，具有投资价值，但不能视为等同于美元的货币使用。

（3）不承认比特币法律地位，全面禁止其交易。中国政府对比特币的监管也经历了从放任到全面禁止的过程。[②] 中国人民银行原行长周小川认为比特币和分叉产品出台太快，不够慎重，如果迅速扩大和蔓延，有可能对消费者带来负面影响，也会对金融稳定产生不可预测的影响。而对于数字货币，中国人民银行却在加快推进，央行数字货币仍然是中央银行对社会公众的负债，为保持央行数字货币的属性，实行货币政策，达到宏观审慎管理的目标，中国央行数字货币双层投放体系应不同于各种代币的去中心化发行模式，为避免代理投放机构超发货币，需要做出相应安排，

---

① 陈劲松、王莹莹：《加密货币出海记：在东南亚放飞自我，在硅谷接受拷问》，《看天下》2018 年第 11 期，第 42 ~ 43 页。

② 赵磊：《论比特币的法律属性——从 HashFast 管理人诉 Marc Lowe 案谈起》，《法学》2018 年第 4 期。

实现央行对数字货币投放的追踪和监管。①

　　一些国家的中央银行正在讨论把所有货币都数字化，将所有交易都记录在一个分布式账本上，这样就有可能摆脱私人银行的参与，给予政府对经济的绝对控制权，诸如英国、瑞典、新加坡都已宣布了上述计划，尽管区块链技术在设计上是去中心化的，而它仍然可以用来构建集权化控制系统，② 而且区块链技术建立在向公众公开交易信息的基础上。但就"挖矿"本身及其背后的算力问题而言，中心化是绝对化的，这不是技术问题，是人的问题，新入局的人只能被人当作收割的"韭菜"。③ 而"去中心化"是实现公开透明的数据规则和公正公平的执行手段，分布式共享、共识新任、开放性、匿名性和跨平台及不可篡改都是其基本特征，这也迫切需要政府的理念从监管转向治理，在鼓励创新的同时守住底线。④ 有学者甚至明言，区块链具有明显的"人民性"，具有"人民藏着宝（数据）""人民说了算（共识机制与表决）"的特性，可以避免"少数人的越权"和"多数人的暴政"、"不欠人民账"，符合马克思、恩格斯所说的"自由人联合体"的制度特征，是其理想的信息实现形式。⑤

　　金融业是区块链应用的排头兵，在证券发行和交易领域，利

---

① 曹蓓：《中国官版数字货币态度积极　虚拟货币市场难赢政策拐点》，《凤凰周刊》2018 年第 12 期，第 75 ~ 76 页。

② Alexander Lipton，Alex Pentland：《数字货币让银行消失？》，《南方周末》2018 年 1 月 25 日，第 C27 版。

③ 王伟凯：《挖矿世界的权力游戏》，《南方周末》2018 年 3 月 1 日，第 B9、B12 版。

④ 王梓辉：《虚拟货币之后，区块链下一步何处去？》，《三联生活周刊》2018 年第 67 期，第 127 ~ 129 页。

⑤ 陈利浩：《区块链和"自由人的联合体"》，《南方周末》2018 年 4 月 19 日，第 B20 版。

用区块链技术可以实现证券权益和交易信息的不可篡改、不可抵赖，简化交易流程，提高证券的发行、交易和结算效率。① 实际上，区块链技术的核心就是要构建一套网上的规则和法律，把那些不守信、违约的人以及将来所谓不受管理的"超级机器"扔进虚拟世界的"监狱"，让他们失去互联网上存在的价值和自由。同时，区块链技术还具有不可篡改的时间戳特征，既能把道德、规则和法律植入人脑，也能植入机器，做到可追溯、可信任，让网络空间的道德、规则和法律有一个可证明的载体。被称为区块链 3.0 的 EOS（Enterprise Operation System）采用的是 DPOS（Delegated Proof of Stake，即授权股权证明机制），是通过被社区推选出来的可信账户（"受托人"）来创建区块的，这种机制类似于议会制度或人大制度，由持有 EOS 的人投票，选出代表替他们做决策。②

（二）监管的分类

我们通常所说的现代意义上的监管，是指"政府行政机构在市场机制的框架内，为矫正市场失灵，通过设定相关规范标准，对经济个体的活动进行的一种干预和控制"。③ 这是一种狭义的监管，也即政府监管。

1. 直接监管和间接监管

从经济学的理论来讲，监管依据其监管主体介入的方式，可以分为直接监管和间接监管，后者指的是通过竞争法、民商法等

---

① 狄刚：《基于共识机制的共享大账簿》，《光明日报》2017 年 6 月 25 日，第 12 版。
② 曹蓓：《EOS 超级节点竞选狂欢 区块链史上重要时点到来》，《凤凰周刊》2018 年第 17 期，第 78 页。
③ 李嘉娜：《市政公用事业监管的行政法研究》，中国政法大学出版社，2012，第 12 页。

领域的法律而进行的监管，而前者又可分为经济性监管和社会性监管。社会性监管是以"保障劳动者和消费者的安全、健康、卫生、环境保护、防止灾害为目的，对物品的质量和服务的质量及伴随着他们而产生的各种活动制定一定标准，并禁止、限制特定行为的规制"。[①] 如果说经济性监管主要依据行政方式，那么社会性监管就有其倾向法律的性征，诸如金融监管、工商监管、质监监管、旅游监管等领域的监管都属于经济性监管，而社会性监管则囊括环境监管、卫生监管等方面，也为社会生活所必需的。

随着科技的发展，经济性监管和社会性监管的涉及领域都多有扩展，以社会性监管主要针对的交通运输领域为例，"网约车"与无人驾驶的出现和普及，带来的是交通领域的管理革新与监管升级，而前者不只涉及单一领域的管控，如果说"网约车"还可以归为较为传统的市场监管的话，那么像"网络游戏"这种涉及文化领域的新生事物，就是更为明显的经济性监管与社会性监管的交叉衍生物。[②] 再以经济性监管所针对的金融科技为例，其细分领域还处于发展早期，如智能投顾、众筹、保险科技，但暴露出来的问题及潜在风险已经不容小视，其行业本身有待完善，尤其是监管方面，发展与规范更是一直伴随整个行业的发展，自律的同时需要足够的他律。[③] 其实在整个社会发展的过程中，从经济性监

[①] 许石慧：《法律视野中的社会性监管》，《电业政策研究》2006 年第 8 期，第 20 页。

[②] 谭波：《"网约车"市场监管及其行政法追问》，《河南工业大学学报》（社会科学版）2017 年第 3 期，第 22 ~ 23 页。

[③] 尹洁：《"学者"唐宁：预见金融科技，遇见实体经济》，《环球人物》2017 年第 5 期，第 80 ~ 81 页。

管向社会性监管转变，应该是行政管理领域存在的一种普遍趋势。①

2. 事前监管、事中监管和事后监管

从监管的时间节点来说，事前监管、事中监管和事后监管是一种分类，"在市场经济条件下，伴随着政府职能转变和私人权利意识的提升，许多领域的事前审查制转为事后监管制，已是形势发展的必然"。② 从我国目前的官方表述中可以看出，强化事中事后监管也成为实际的政策导向，2018 年党的十九届三中全会提出，"完善市场监管和执法体制，改革自然资源和生态环境管理体制，完善公共服务管理体制，强化事中事后监管，提高行政效率，全面提高政府效能，建设人民满意的服务型政府"。在 2018 年 2 月发布的《中共中央关于深化党和国家机构改革的决定》"强化事中事后监管"中提到监管内容，具体包含"监管"一词的表述为，改变重审批轻监管的行政管理方式，把更多行政资源从事前审批转到加强事中事后监管上来。创新监管方式，全面推进"双随机、一公开"和"互联网 + 监管"，加强对涉及人民生命财产安全领域的监管，提高监管执法效能。健全信用监管，发挥同行业和社会监督作用。

3. 准入监管和后续监管

从立法层面来看，由于缺乏较为统一的立法和相应的法定表述，监管在我国当下的法定地位与其理论研究地位还存在一定差距。但是，从实际的立法需求来看，监管的法律定位及其相应的

---

① 王秀强：《能源管理应从经济性监管向社会监管转变》，《21 世纪经济报道》2013 年 3 月 12 日。

② 姜明安主编《行政法与行政诉讼法》（第 6 版），北京大学出版社，2015，第 225 页。

解构只是时间问题。2016 年 7 月广东省人大常委会通过的《广东省市场监管条例》将"监管"界定为"各级人民政府及其负有市场监管职责的部门（简称市场监管部门）① 对市场主体及其生产经营行为实施的监督管理活动"，分为准入监管和后续监管，后者又被分为一般监管、协同监管、信用监管和风险监管。就是一种很有必要的尝试，这也很可能成为立法过程中"地方包围中央"的一种再次尝试。同时，从理论上来说，不仅要研究行政处罚、行政许可、行政强制等型式化行政行为，还要研究信息披露、行政约谈、价格监管等非型式化行为；不仅要关注具有单方性、强制性、确定性的命令控制型监管方式，还要关注经济激励型、协商合作型的监管方式。② 比如《上市公司信息披露管理办法》就明确规定，"上市公司及其他信息披露义务人依法披露信息，应当将公告文稿和相关备查文件报送证券交易所登记，并在中国证券监督管理委员会指定的媒体发布"。而"在内幕信息依法披露前，任何知情人不得公开或者泄露该信息，不得利用该信息进行内幕交易"。2019 年 1 月 16 日，格力电器董事长董明珠在格力电器 2019 年第一届临时股东大会回答股东提问时表示："2018 年格力电器预计营收将达 2000 亿元，税后利润预计超过 260 亿元。"这种透露已经造成了重大违规，已经受到了深圳证券交易所的关注，并可能受到中国证监会和证券交易所的处罚。

从实际的分类效果和内容来看，准入监管与事前监管、后续

---

① 2018 年 3 月，十三届全国人民代表大会第一次会议通过的《国务院机构改革方案》中明确，组建国家市场监督管理总局，不再保留国家工商行政管理总局、国家质量监督检验检疫总局、国家食品药品监督管理总局。
② 马英娟：《新时代行政法学研究的任务》，《中国社会科学报》2017 年 11 月 24 日，第 7 版。

监管与事中监管及事后监管一一对应，表明了未来市场监管发展的方向。2018 年 3 月，中国证监会发布修订后的《证券期货市场诚信监督管理办法》，并于 2018 年 7 月 1 日起施行。其修订重点体现了监管发展的特点与趋势：一是扩充了诚信信息覆盖的主体范围和信息内容范围，实现了资本市场诚信监管"全覆盖"；二是建立市场准入环节的诚信承诺制度，严把市场准入关；三是建立主要市场主体诚信积分管理制度，对主要市场主体实施诚信分类监管；四是建立行政许可"绿色通道"制度，激励守信，对诚信状况良好的行政许可事项申请人实行优先审查制度；五是强化事后监管的诚信约束。实现在监管的各流程、各环节都要查询诚信档案，作为采取监管执法措施的重要考量因素。[①] 从上述各个强化的细节来看，主要是注重监管方式的区分，在事前监管、事中监管、事后监管等各个方面同时发力，对监管对象实行分类区别式监管，注重过程监管和全面监管，强化了监管的有效性与全覆盖。

（三）监管的发展趋向

近年来，随着金融市场的形势变迁以及新的待监管问题的出现，各类监管机构也都在不断调整监管策略，以中国证券监督管理委员会（简称中国证监会）为例，它既要能设计制定科学合理的规章制度，也要能强势贯彻落实，除了要当铁腕强权的监管者，它还需要扮演温良恭俭让的服务者角色。2016 年 9 月，中国证监会对《中国证券监督管理委员会发行审核委员会办法》进行修改，并向社会征求意见，修改的内容主要涉及合并主板发审委和创业

---

① 徐昭：《新版证券期货市场诚信监督管理办法发布》，《中国证券报》2018 年 3 月 31 日。

板发审委，同时对委员的任期及责任限制做出更为细致的规定，并在中国证监会内部设立监察委，对发审委的程序和业务过程进行监管。① 2016 年中国保险监管管理委员会（简称中国保监会）制定的新的监管体系"中国风险导向的偿付能力体系"，对保险业的监管从行为监管转向风险监管。② 2017 年 5 月 5 日，中国保监会宣布安邦人寿保险三个月内禁止申报任何新产品，同日，对中国保监会主席项俊波的免职决定也于当天被宣布，这实际上就是在释放这样一个信号：在加强金融监管的同时强化金融反腐，③ 做到"打铁还需自身硬"，这实际上也是应对复杂监管形势的一种必然策略。银行业监管同样不能"独善其身"，2017 年 4 月，中国银行业监管管理委员会（简称中国银监会）出台《关于切实弥补监管短板提升监管效能的通知》，其中反复提到股东监管问题，"强化对股东授信的风险审查，防止套取银行资金"，④ 可以看作上述监管措施的一种综合。从某种角度来说，银行业的整顿实际上是遏制金融空转，最终达到控制通胀的目的，让中国的金融体系坚不可摧，⑤ 最后，统一到"金融"的大领域、大方向、大范畴。2017年 7 月，全国金融工作会议提出，将原有的"机构监管"转变为"功能监管、行为监管"，也就是说不管你开发何种金融产品，监管机构只因行为而定监管主体，不是片面地因循原来的以监管机构来分监管领域的思路。

---

① 《新一届发审委这个"杀手"有点冷》，《看天下》2017 年第 34 期，第 63 页。
② 俞燕、袁满：《保险监管亮剑》，《财经》2017 年第 5 期，第 26 页。
③ 郭小扬：《金融反腐正步入深水区》，《南风窗》2017 年第 11 期，第 41 页。
④ 谭保罗：《金融大整顿，激进与平衡》，《南风窗》2017 年第 11 期，第 34 页。
⑤ 谭保罗：《民间的两块"表"关乎金融稳定》，《南风窗》2017 年第 11 期，第 45 页。

第二节　金融监管

一　概念界定及其特性

（一）金融监管的概念

金融监管，顾名思义，就是对金融领域的监督管理。金融，简单地说，就是资金的融通，有广义和狭义之分；相应地，金融监管狭义上指中央银行监管，广义上则包括银行监管、证券监管和保险监管等领域，这也是本书所要探讨和关注的内容。这里还需要探讨的是区分对金融市场的监管和对金融组织的监管。比如，对金融市场的传统监管措施就包括交易（印花）税、杠杆限制、卖空限制、涨跌停板、T＋1（当日买进的股票，要到下一个交易日才能卖出）交易和 IPO（Initial Public Offerings，即首次公共募股）限制。[①] 有些学者还认为包括对金融产品的监管，将金融市场里的金融产品监管单独拿出来研究。这里，我们所研究的金融监管，应该是广义上的，包括上述各方面的监管。

（二）金融监管的特性

1. 涉及面的广泛性

金融监管涉及的领域较多，本身手段也多元化，具有很强的拓展性和扩张性。以银行监管为例，之所以要用相应的行政许可、行政处罚等手段来进行强制的监督管理，主要还是为了维护金融

---

① 汪天都：《传统监管措施能够限制金融市场的波动吗？》，《金融研究》2018 年第 9 期。

安全。金融从业机构必须首先取得中国银监会审核发放的金融业许可证，据此才能获得从事金融业服务的行业资格，私人银行也不可以随意放贷，他们在某种程度上受到中央银行的监管，后者对私人银行放贷所必需的资本金和流动性进行限制。[①] 同时，一旦违反了《银行业监督管理法》等法律，就必须承受相应的处罚等法律责任。2015 年 7 月，全国人大常委会通过了《中华人民共和国国家安全法》，其中的"国家安全"就涉及"金融安全"，其第 20 条规定，"国家健全金融宏观审慎管理和金融风险防范、处置机制，加强金融基础设施和基础能力建设，防范和化解系统性、区域性金融风险，防范和抵御外部金融风险的冲击"，在金融安全领域回应了行政许可法的相应精神。

以"普惠金融"（inclusive finance）为例，我国"一行两会"一直在加大监管力度，但从其最初产生以及在国外一些发展中国家最初呈现的趋势来看，这实际上是要让金融成为普罗大众权利的一种渠道，通过为用户赋能，大众可以更好地做出金融决策、管理财富，通过为金融机构赋能，使其提供金融产品的能力更强大，进而推动整个国家成为金融强国。[②] 联合国 2005 年提出该概念，2006 年孟加拉国的银行家穆罕默德·尤努斯通过开办乡村银行，为农民提供小额贷款，一举成功，并因此获得了诺贝尔和平奖。这说明"普惠金融"完全可以成为拉动整个国家经济的正能

---

① Alexander Lipton，Alex Pentland：《数字货币让银行消失？》，《南方周末》2018年 1 月 25 日，第 C27 版。

② 尹洁：《叶大清："金融创新让中国弯道超车"》，《环球人物》2018 年第 4 期，第 78 页。

量，同时对于整个国家的精准扶贫事业有实际的积极影响。[①] 在我国，"普惠金融"更可以为小微企业、农民、城镇低收入群体提供适当和有效的金融服务。但问题在于有些金融产品甚至恶意贷款已经超出了普惠金融的制度本意，成为制度扭曲的变异样板。因此，不能因为个别人滥用了这个平台与渠道，就否定大多数人享有这种权利的机会甚或是这种金融产品本身。

我们以"P2P"网络借款来进行分析（见表1-5），该种借款被称为 Peer to Peer Lending，即点对点网络借贷或借贷型众筹，区别于股权众筹，是一种将小额资金聚集起来借贷给有资金需求的人的民间小额借贷形式。

表1-5　中央关于 P2P 网络借贷监管的政策汇总一览

序号	具体日期	具体措施内容
1	2015 - 12 - 28	中国银监会会同工信部、公安部、国家互联网信息办公室等部门研究起草《网络信贷信息中介机构业务活动管理暂行办法（征求意见稿）》
2	2016 - 8 - 24	中国银监会、工信部、公安部、国家互联网信息办公室联合出台《网络借贷信息中介机构业务活动管理暂行办法》，为构建网络借贷业务的监管体系打下基础。该暂行办法首次将 P2P 平台定性为信息中介，并规定了以备案为前提的准入门槛，同时，该暂行办法对 P2P 平台设定了不得债权转让、不得发放贷款、不得自我担保等监管红线

① 我国目前的几亿农民没有被银行归入有稳定收入的群体，不能申领信用卡，但从现实来说，农民有宅基地、房产、银行账号，有些还有自己的产业，而目前的精准扶贫贷款采取的是特定银行直接发放贷款的方式，而这种担保则由相应的村干部来承担，但是农民应该有机会建立自身的信用记录。这种创新实际上是与我国在土地制度方面的创新一样的道理，包括农民土地承包权、宅基地使用权、集体收益分配权都可以自愿有偿转让，也就是通常所说的"入市"，2018 年中央一号文件《中共中央　国务院关于实施乡村振兴战略的意见》也再次强调了这一点。

续表

序号	具体日期	具体措施内容
3	2016 - 10 - 13	中国银监会等十五个监管机构共同发布了早已于 2016 年 4 月开始实施的《P2P 网络借贷风险专项整治工作实施方案》，专项整治明确了由各部门联合设立网贷风险专项整治工作小组办公室对整治工作负责，对网贷机构则进一步规定不得触及设立资金池、自融、向出借人提供担保或者承诺保本保息等业务"红线"。专项整治要求将网贷机构分为合规类、整改类、取缔类，分别处置
4	2016 - 11 - 28	中国银监会、工信部、国家工商总局首先发布《网络借贷信息中介机构备案登记管理指引》，指定各地方金融监管部门作为备案机关，并对新设机构和已存续机构分别设定不同备案要求
5	2017 - 2 - 22	中国银监会发布《网络借贷资金存管业务指引》，明确网贷机构选择商业银行作为存管机构，并且对网贷机构的信息披露、系统安全提出要求
6	2017 - 8 - 23	中国银监会发布《网络借贷信息中介机构业务活动信息披露指引》进一步明确了网贷机构应当公示基本信息、运营信息、项目信息、重大风险信息、消费者咨询投诉渠道信息等信息披露的内容
7	2017 - 12 - 13	全国 P2P 网络借贷风险专项整治工作领导小组办公室又下发《关于做好 P2P 网络借贷风险专项整治整改验收工作的通知》及解释说明，要求各地在 2018 年 4 月底之前做好辖区内主要 P2P 机构的备案登记工作，这被称为 P2P 行业健康发展的最后一道门槛①

新型的金融业态除了上述 P2P 之外，还有"现金贷"业务，这一业务同样备受中央监管层关注。现金贷，是小额现金贷款业

---

① 曹蓓：《变味的 P2P 爆雷潮》，《凤凰周刊》2018 年第 26 期，第 22 页。

务的简称，具有方便灵活的借款与还款方式，以及实时审批、快速到账的特性（见图 1 - 1）。

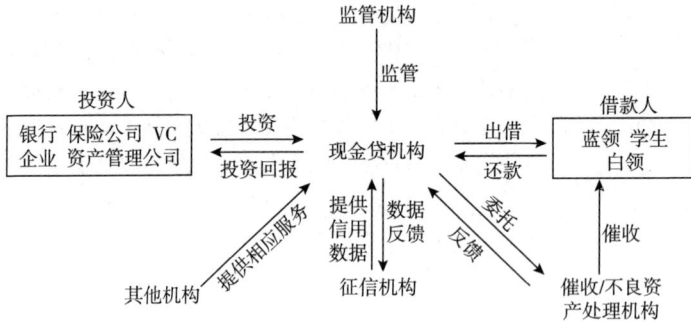

图 1 - 1　现金贷业务流程

现金贷（Payday Loan，发薪贷）同样产生于信息社会发展的过程中，但它作为小额现金借款与 P2P 及之前的消费分期在资金端、资产端、场景和直接参与者方面都存在明显的区别，其中最大的区别则在于现在的现金贷的资金主要来源于机构而非个人投资者（见图 1 - 2）。

	现金贷	P2P	消息分期
资金端	来自银行、保险公司、资产管理公司、VC等机构	主要来自个人投资者	来自银行、保险公司、资产管理公司、WC等机构
资产端	基本都是个人无抵押信用贷款	产品多元化，借款人包括个人和企业，同时存在有抵押和无抵押贷款	分期产品
场景	线上	线上为主，部分需要线下审核	线上线下结合，但渠道搭建过程有很重的线下场景
直接参与者	投资人、平台和借款人	投资人、平台和借款人	投资人、平台、借款人以及渠道商家

图 1 - 2　现金贷与 P2P 及消费分期的区别

在监管政策方面，2017 年 4 月 10 日，中国银监会发布《中国银监会关于银行业风险防控工作的指导意见》，首次提出要做好"现金贷"的清理，现金贷的特征在于无场景依托、无指定用途、无客户群体限定、无抵押；2017 年 9 月，央行副行长易纲在"中国普惠金融国际论坛"上提出，普惠金融要依法合规开展业务，凡是搞金融的都要持牌经营，都要纳入监管。① 在 2017 年 10 月 28 日的"2017 中国互联网金融论坛"上，针对在高校扩展迅猛的"现金贷"业务，② 中国人民银行金融市场司司长纪志宏再次重申了"所有金融业务都要纳入监管，任何金融活动都要获取准入"，要求实施穿透式监管，建立互联网金融的行为监管体系、审慎监管体系和市场准入体系。③ 2017 年 12 月 1 日，互联网金融风险专

---

① 何子维：《现金贷，一门备受质疑的生意》，《南风窗》2017 年第 23 期，第 65 页。

② 从 2015 年开始，现金贷作为消费金融的一个重要分支在中国开始强势崛起。目前一、二线城市以线上为主，三、四线城市以线下为主。参见百度百科，"现金贷"词条，https：//baike. baidu. com/item/现金贷/17661405，最后访问日期：2017 年 10 月 30 日。在美国，现金贷在十四个州以及哥伦比亚特区是非法的。薄珂、卡贝：《嗜血现金贷：年化近 600% 人死方能债清》，http：//finance. qq. com/a/20170301/035697. htm，最后访问日期：2017 年 10 月 30 日。有数据显示，2017 年正在运营现金贷的平台有 2693 家。其中，通过网站、微信公众号、移动 App 从事现金贷业务的平台分别为 1044 家、860 家、429 家。目前有 592 家 P2P 网络借贷网站开展现金贷业务，约占全部 P2P 平台总数的 15.8%。据悉，资金来源包括银行、信托、P2P、小贷公司及网络小贷公司等渠道。截至 2017 年 7 月底，全国累计已经发放网络小贷牌照 153 张，共有 18 家 P2P 网贷平台或助贷平台通过其运营主体公司或关联企业获得了 21 张网络小贷牌照。截至 2017 年 11 月底，有 30 家现金贷平台通过其运营主体公司或其股东持有 35 张网络小贷牌照（含网络小贷公司直接开展的现金贷业务）。

③ 纪志宏：《央行官员：金融业务都要纳入监管 金融活动都要获取准入》，财新网，http：//finance. caixin. com/2017 - 10 - 29/101162651. html，最后访问日期：2017 年 10 月 30 日。

项整治工作领导小组办公室、网络借贷风险专项整治工作领导小组办公室正式下发《关于规范整顿"现金贷"业务的通知》，明确统筹监管，加强对网络小额贷款清理整顿工作，加强资金来源审慎管理。随着 P2P 的不断爆雷，[①] 各地的监管机构也不断强化监管内容。

相比 P2P，私募基金在投资门槛、投资数量、宣传方式和收益等方面都有更加严格明确的要求。私募基金是私下或直接向特定群体募集的资金。用来指称对任何一种不能在股票市场自由交易的股权资产的投资。私募基金的合格投资者必须具备相应风险识别能力和风险承担能力。2013 年 6 月 1 日新《证券投资基金法》正式实施，把私募基金正式纳入监管范畴；2014 年 1 月 17 日，基金业协会发布《私募投资基金管理人登记和基金备案办法（试行）》，私募行业的实质性监管政策才得以落地。中国证券投资基金业协会在 2016 年 2 月 5 日出台《关于进一步规范私募基金管理人登记若干事项的公告》，将私募基金的监管推上了一个新高度。自此之后，对私募资金的监管内容也在经历不断变化的过程。不仅包括全国人大常委会和国务院制定的法律和行政法规，也包括中国证监会出台的规定办法和问答规范，还有中国证券投资基金业协会出台的管理办法、通知公告、规范指引、说明建议及会员相关管理办法，其他还有央行、国家发改委、中国银监会、中国保监会、中国证券登记结算有限公司、交易所、股转系统、中国证券业协会等出台的各项文件。各地方证监局则依照中国证监会的授

---

① "爆雷"是 P2P 行业的惯用词汇，指的是平台因为逾期兑付或经营不善等问题，未能偿付投资人本金利息而出现的平台停业、清盘、法定代表人跑路、平台失联、倒闭等问题。曹蓓：《变味的 P2P 爆雷潮》，《凤凰周刊》2018 年第 26 期，第 22 页。

权履行职责，负责对经营所在地辖区内的私募证券投资基金管理人进行日常监管，包括对公司治理及其内部控制、私募基金运作等进行日常监管（见图 1 - 3）。

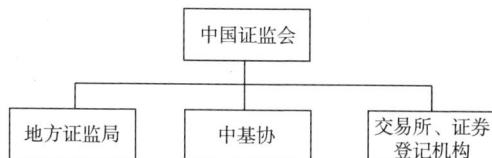

图 1 - 3　私募证券投资基金的监管分权体系一览

2. 明确的国家政策性

以我国的金融监管发展历程为例，历数 1997～2017 年 20 年来的五次中央金融工作会议（见图 1 - 4），其中不乏对监管的政策态度，但是金融监管业并不是每次都成为绝对的目标，不可否认的是，金融监管在实现各次金融工作会议目标中是不可或缺的途径和制度依赖。比较典型的是 2002 年的金融工作会议提出的"加强监管"目标和 2017 年的金融工作会议所提出的"强监管主基调"。

五次中央金融工作会议

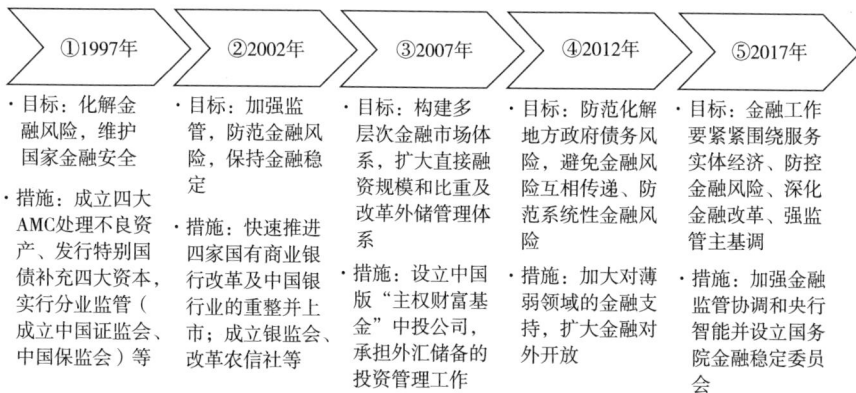

图 1 - 4　我国五次中央金融工作会议精神一览

很多国家的金融监管其实都是国家政策的延续，以美国的联邦储备委员会（FR）为例，其作为美国的央行，在金融监管政策上实际上一直在延续其金融监管的态度，任何时候放松金融监管与收紧金融监管，都与国家的经济形势有关，也是对以往所有金融调控政策的一种总结与积淀。2018 年美国新任总统特朗普照上台之后，一方面力主废除号称继 1933 年《格拉斯－斯蒂格尔法案》之后最严厉的金融监管法案的《多德－弗兰克法案》，另一方面大幅度调整了美联储的理事。[①] 2018 年 2 月，美国新任美联储主席 Jerome Powell 提出要有条件地放松金融监管，通过放松金融监管来加大金融业对实体经济的支持力度。

　　而同时期在中国通过的《中共中央关于深化党和国家机构改革的决定》，则明确提出，构建发展规划、财政、金融等政策协调和工作协同机制，在合理配置宏观管理部门职能的基础上，加强和优化金融管理职能，增强货币政策、宏观审慎政策的金融监管协调性，优化金融监管力量，健全金融监管体系，守住不发生系统性金融风险的底线，维护国家金融安全。2018 年 3 月，我国金融监管机构改革这块"硬骨头"终于被啃下，其改革的意图说明主要是：为深化金融监管体制改革，解决现行体制存在的监管职责不清晰、交叉监管和监管空白等问题，强化综合监管，优化监管资源配置，更好地统筹系统重要性金融机构监管，逐步建立符合现代金融特点、统筹协调监管、有力有效的现代金融监管框架，守住不发生系统性金融风险的底线。新组建的中国银行保险监督管理委员会的主要职责是，依照法律法规统一监督管理银行业和保险业，维护银行业和保险业合法、稳健运行，防范和化解金融

---

① 李航：《美联储大换血，独立性堪忧》，《南风窗》2018 年第 3 期，第 69 ~ 70 页。

风险，保护金融消费者合法权益，维护金融稳定。① 从此次改革的方案来看，没有回避对权力和利益的调整，强化了功能监管和行为监管，意在解决监管职责不清晰、交叉监管和空白监管等问题，强化综合监管，优化监管资源配置，更好地统筹系统重要性金融机构监管，逐步建立符合现代金融特点、统筹协调监管、有力有效的现代金融监管框架，自 2003 年开始的"一行三会"表述消失，我国金融监管体制正式形成了"一行两会"的格局。②

二　形势发展与政策走向

任何一个行业生存和发展的基础，都在于按照"规则"，按照法律和规定办事。③ 而就金融而言，其独特性就是通过"强监管"维系垄断市场，继而因此产生高额甚至超额的收益。④ "强监管"的主要目的是对机构提出更高的资本要求和约束，不同于"严监管"，后者主要是对现有规则的严格执行，如果说严监管相当于"从重"，那么"强监管"甚至可以被理解为倾向于"加重"。"强监管"的主要目的就在于防止系统性风险，这也和目前央行乃至党中央在十九大上所提出的目标一致（见图 1 - 5）。

但是，目前"一行两会"强监管政策的叠加也可能导致风险减速释放，从而使得国内居民与企业的避险情绪加强。⑤ 因此，

---

① 参见李克强《国务院关于提请审议国务院机构改革方案的议案》（国函〔2018〕53 号）之附件《国务院机构改革方案》。

② 《"大部制"、"国际范儿"、"超级机构"：国务院再改革》，《看天下》2018 年第 8 期，第 44 页。

③ 朱迅垚：《整顿金融乱象进入深水区》，《南方周末》2017 年 3 月 2 日，第 B19 版。

④ 周天：《支付牌照买卖：扭曲的地下市场》，《看天下》2017 年第 5 期，第 51 页。

⑤ 张墨宁：《资本管制是金融整顿的必要防火墙——专访中国社科院世界经济与政治研究所研究员张明》，《南风窗》2017 年第 11 期，第 46 页。

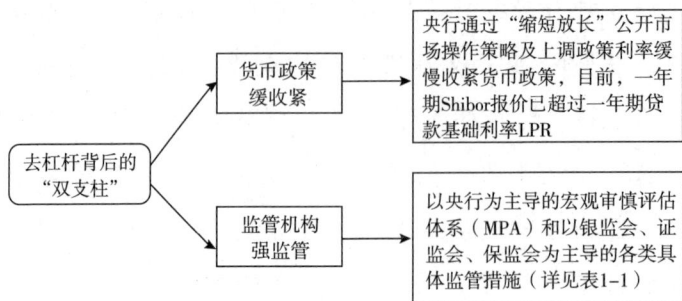

图 1－5 央行货币政策与监管机构监管政策构成"去杠杆"的双支柱

资料来源：张威、韩笑、龚奕洁等：《中国式"缩表"》，《财经》2017 年第 12 期，第 51 页。

"金融领域所需要的改革，一点都不是对山头的重组，而是要用铁腕来规制利益集团的无限扩张及其对市场的不正常影响，以期真正实现市场化"。[①]

（一）金融创新

金融创新，是现代金融发展的一种生命力。随着金融科技的发展，其跨越时空限制在不同领域、不同市场开展多元化的金融服务，混业特征更加明显，既是一种创新，也使得风险的内在关联性大大提升，这对于目前仍以分业监管为主的监管体系提出了严峻挑战。[②] 对金融监管机构来说，一方面就是要控制金融风险的扩散，实现金融以服务于实体经济发展为目的的目标，[③] 另一方面

---

① 谭保罗：《"超级央行"与中国金融监管》，《南风窗》2016 年第 14 期，第 71 页。

② 温源：《金融科技给监管体系带来三大挑战》，《光明日报》2017 年 6 月 20 日，第 7 版。

③ 以目前包括中国保监会在内的一些金融监管机构正在促进保险资金服务于"一带一路"实体经济发展的现实为例，可以见得金融存在和发展的真实目的所在。

从金融利益集团手中夺回原本属于实体经济的资源。我国的金融创新虽然输在起点上，但极有可能赢在终点，而且中国金融科技的商业模式可能适合东南亚、东欧和非洲的一些国家和地区，这对"一带一路"倡议推广也十分有利，加上有关部门鼓励创新，不断推动市场发展，起到了乘法效应。[①]

2017 年的第五次中央金融工作会议对于金融创新也采取较为抑制的态度，"如果创新是没有监管的创新，那就是疯长的野草"，主要强调风险管控，这也预示着我国的金融监管的重点从原来资金充足的监管，转向了资本不足风险和透明度风险监管并重，因为证券化金融资产作为财富管理的基石资产，其风险主要来自透明度。[②] 在经济企稳改善、经济工作重心更多地转向维护金融稳定后，监管部门一时间反过来竞争性地收紧政策。[③] 2017 年 11 月，党的十九大后，中国人民银行行长周小川撰文指出，要健全金融监管体系，守住不发生系统性金融风险的底线，这同时也成为党的十九大报告关于金融监管的政策表述。其中，对金融监管的重要举措和精神的确切总结如下：中央监管部门要统筹协调，央地金融管理要统筹协调，发挥央地两个积极性，中央进行统一监管指导，制定统一的金融市场和金融业务监管规则，对地方金融监管有效监督；地方负责地方金融机构的风险防范处置，维护属地金融稳定；金融监管部门和地方政府要强化金融风险源头管控。

---

① 尹洁：《叶大清："金融创新让中国弯道超车"》，《环球人物》2018 年第 4 期，第 77～78 页。

② 吴晓求：《中国金融业进入重大历史转型期》，《经济参考报》2017 年 7 月 26 日。

③ 高善文：《有序去杠杆须加强监管协调》，《财新周刊》2017 年第 24 期，第 8 页。

对中国人民银行而言，就要发挥其宏观审慎管理和系统性风险防范职能，统筹系统性风险防控与重要金融机构监管，对综合经营的金融控股公司、跨市场跨业态跨区域金融产品，明确监管主体和责任，全面建立功能监管和行为监管框架，强化综合监管。① 其实，在央行的"宏观审慎"监管功能之外，还有"微观审慎"，后者是机构视角，即对金融机构的监管，而前者是市场视角，但对于资产泡沫膨胀的经济体，宏观审慎更是一种资产视角，防止整个资产市场价格大起大落，并对金融体系造成严重损害。② 2018 年初，中国银监会开出的两大过亿罚单中，第一起是对浦发银行成都分行罚款共 4.62 亿元，并对该分行原行长、2 名副行长、1 名部门负责人和 1 名支行行长分别给予终身禁止从事银行业工作、取消高级管理人员任职资格、警告及罚款。第二起则依法查处了邮储银行甘肃武威文昌路支行违规票据案件，对涉及该案的 12 家银行业金融机构共计罚没 2.95 亿元，③ 显示了监管部门猛药去疴的决心。同时，这也是化解与防范系统性金融风险必要性的表现，其中第一起处罚案件中，浦发银行成都分行通过编造虚假用途、分拆授信、越权审批等手法，违规办理信贷、同业、理财、信用证和保理等业务，其目的在于掩盖不良贷款，换取相关企业出资承担不良贷款，基于该银行在业界的标杆地位，因此，这种相应的造

---

① 周小川：《守住不发生系统性金融风险的底线》，《人民日报》2017 年 11 月 22 日，第 6 版。

② 谭保罗：《"保资产"大背景下的央行角色》，《南风窗》2017 年第 25 期，第 59 页。

③ 参见钱箐旎《银监会开出上亿元罚单 下猛药才能除顽疾》，《经济日报》2018 年 1 月 23 日；钱箐旎《银监会开出今年第二张过亿罚单 邮储等 12 家银行被罚 2.95 亿元》，《经济日报》2018 年 1 月 28 日。

假行为需要监管部门全面调查与研判。[①]

而要实现综合监管，有效规制金融创新，实现良好的风险管控，就必须委之以相应的监管手段和策略。以证券监管为例，2005年《证券法》修订之后至 2014 年间，共有 37 部中国证监会的规章规定了证券监管措施，目前共计 110 多种，但从 2010 年至 2015年中国证监会及其派出机构所采取的监管措施的实际情况来看，分布不平衡，各种类型的监管措施使用频次严重不均，惩戒较轻的监管措施使用量大，而惩戒程度较重的监管措施使用量少甚至从未使用过。而相对于监管措施这种事中监管形式来说，行政处罚这种事后监管措施数量相对更少。[②] 随着形势的发展，严管重罚的监管措施也将相继被启动。

毋庸置疑，金融创新本身就包含风险，而且融入了监管的交叉地带，有可能形成所谓监管争利或监管空白。以中国保险业近六年的发展为例，其在金融产品创新方面推出的"13 项新政"（包括资产配置办法、委托投资办法、债券投资办法、衍生产品办法、创新产品办法以及托管办法等），形成所谓"资产驱动负债"，但松绑保险投资造成了监管的松绑，在很多领域，仍存在相应的审批环节，比如境外投资的审批主体还包括外管局，而中国证监会对资本市场并购的话语权相当大，[③] 这也使得中国保监会松绑监管还不至于造成保险行业创新及衍生产品风险的过度膨胀。2017年 7 月 11 日，在中国保监会原主席项俊波违纪被调查的三个多月之后，从中国保监会发布的《信用保证保险业务监管暂行办法》

---

① 辛省志：《降低杠杆化解风险》，《南方周末》2018 年 1 月 25 日，第 B18 版。

② 张红：《证券行政法专论》，中国政法大学出版社，2017，第 8～9 页。

③ 谭保罗：《"项俊波时代"的保险业狂飙》，《南风窗》2017 年第 9 期，第 53～54 页。

可以看出，"依法合规、小额分散、稳健审慎、风险可控的经营原则"被重点强调，而"网贷平台信保业务"被限定为"保险公司与依法设立并经省级地方金融监管部门备案登记、专门从事网络借贷信息中介业务活动的金融信息中介公司合作，为网贷平台上的借贷双方提供的信保业务"，其间，也不再有如2014年中国保监会修改的《保险公司股权管理办法》中的"中国保监会另有规定的除外"等字样。

相比之下，中国银监会也在通过规章等规范性文件来实现对许可的简化，同样也不放松监管，2017年7月，中国银监会发布《关于修改〈中资商业银行行政许可事项实施办法〉的决定》，表示"在推动简政放权工作的同时，将持续完善审慎监管规则，加强事中事后监管，加大现场检查力度和监管处罚力度，坚守不发生区域性系统性风险底线"。① 以第34条第2款后增加的一款规定为例，"前款所指设立、参股、收购境内法人金融机构事项，如需另经银监会或银监局批准设立，或者需银监会或银监局进行股东资格审核，则相关许可事项由银监会或银监局在批准设立或进行股东资格审核时对中资商业银行设立、参股和收购行为进行合并审查并作出决定"。这里虽然简化了程序，但并没有简化或省去相应的程序，实现了上述所谓"坚守不发生区域性系统性风险底线"之目标。

（二）金融扩张

金融扩张是现代金融活动中的一种必然趋势，金融活动的深

---

① 张道峰：《银监会修改规定简化中资商业银行部分行政许可》，http://www.iolaw.org.cn/showNews.aspx? id = 59502，最后访问日期：2017 年 7 月24 日。

入推广，带来的必然结果便是部分金融活动规模和参与人数的扩张。有些领域的金融扩张过快，数量惊人，就需要通过规则制定及其施行来控制相应的风险，比如在证券法、信托法、公司法、互联网金融法规领域，都时常有"200 人""200 份"的限制，[①] 归根结底都是为了防止金融风险超过一定的规模，而当下民间借贷的"准证券化"正是与这种风控趋势相抵触的。另外，金融监管机构虽大力布控，但有时收效甚微，甚至无法做到信息把握的及时性与充足性。2015 年股灾发生时，中国证监会为防范风险，大力清理配资，但收效甚微，原因就在于其对银行、信托、保险有多少资金进入股市以及市场杠杆水平如何并不清楚。[②] 同时，有些金融大鳄跨界游走于金融领域之间，凸显了金融监管的难度与转型需要。以 2016 年底和 2017 年初，中国证监会主席刘士余在证券监管工作会议上反复言及的"野蛮人""害人精"为例，金融领域所存在的这类违法违规的行为，并不鲜见，在当下，中国证监会、中国保监会、中国银监会也经常联手出击，对这类行为予以重点打击，凸显监管的必要，同时也在杜绝资金的外流。以 2017 年 2 月中国证监会重点督办的资本玩家鲜言为例，其采用公司改名的方式来操纵股价的做法，前无古人，除此之外，五年间他玩转两家上市公司，起诉证监会、制造了"1001 项奇葩议案"的做法，最终为自己招来 34.7 亿元的天价罚单和终身禁入证券市场的结局。[③] 上述

---

① 谭保罗：《"辱母杀人案"背后被忽视的风险》，《南风窗》2017 年第 8 期，第 66 页。

② 张弛：《国务院经济部门换帅直面深改难题》，《凤凰周刊》2017 年第 8 期，第 36 页。

③ 黄金萍、李广林：《鲜言，一个变身资本玩家的律师》，《南方周末》2017 年 3 月 2 日，第 B9 ~ B10 版。

事件并非孤例，很大程度上代表了金融监管的未来发展趋势与必要性。2018 年，中央经济工作会议提出，要防范金融市场异常波动和共振，再次表明中央"稳金融"的重大决心，也是对金融扩张政策的又一新表述。

（三）互联网金融

互联网金融本质上仍属于金融，没有改变金融风险隐蔽性、传染性、广泛性和突发性的特点。互联网金融很大程度上是中国金融抑制的产物，是对金融监管外部溢出效应的反映。它包括第三方支付、P2P、大数据金融、众筹、信息化金融机构、互联网金融门户等方面。①从中国人民银行等十部门发布的《关于促进互联网金融健康发展的指导意见》的界定来看，这一范围囊括得更为宽广，包括互联网支付、网络借贷〔包括个体网络借贷（即 P2P 网络借贷）和网络小额贷款〕、股权众筹融资、互联网基金销售、互联网保险、互联网信托和互联网消费金融等方面。互联网金融具有技术风险、信用风险以及法律风险等综合性风险，规范发展互联网金融是国家加快实施创新驱动发展战略、促进经济结构转型升级的重要举措，对其监管应当遵循金融效率原则、金融消费者保护原则、金融安全原则，采用综合性的监管路径。②

而在互联网金融已经逐渐成为衍生我国金融新业态服务场域的当下，政府对互联网金融的监管有着不可推脱的责任。互联网金融是第四次金融浪潮的特征，其融资来源是"碎片化"的资金，

---

① 岳彩申:《互联网金融监管的法律难题及其对策》,《中国法律》2014 年第 3 期,第 6 页。

② 杨莉萍:《互联网金融监管路径之探析》,《信阳师范学院学报》(哲学社会科学版)2017 年第 2 期。

可以在最大范围内动员资金，在最大限度上承担风险。① 在互联网
金融发展如火如荼的形势下，对该种新生事物的金融监管也被逐
渐提上日程。中国人民银行等十部门共同制定《关于促进互联网
金融健康发展的指导意见》，提出要"建立健全互联网金融监管长
效机制"。2017 年 3 月，中国银监会就《网络借贷信息中介机构业
务活动管理暂行办法（征求意见稿）》公开征求意见，其中对"网
络借贷信息中介机构"做了界定，即"依法设立，专门从事网络
借贷信息中介业务活动的金融信息中介企业"，"以互联网为主要
渠道，为借款人与出借人（即贷款人）实现直接借贷提供信息搜
集、信息公布、资信评估、信息交互、借贷撮合等服务"。② 其立
法说明中也专门指出，上述机构"具有高效便捷、贴近客户需求、
成本低等特点，在完善金融体系，弥补小微企业融资缺口、满足
民间资本投资需求，促进普惠金融发展等方面可以发挥积极作
用"。③ 这实际上是金融监管机构在分析清楚监管对象的基础上设定
监管模式的一种做法，也将成为未来我国强化金融监管的一种趋势。
但是，2017 年 7 月，全国金融工作会议也提出对互联网金融的抑制
态度，提出加强互联网金融监管。道高一尺，魔高一丈，正如欧盟
委员会在其发布的《金融科技产业：一个更具竞争力和创新性的金
融行业》中所指出的那样，"金融科技的目标是通过改变金融市场的

---

① 伍聪：《第四次金融浪潮与中共机遇》，《光明日报》2017 年 4 月 18 日，
第 11 版。

② 参见《银监会就〈网络借贷信息中介机构业务活动管理暂行办法（征求意见
稿）〉公开征求意见》，http：//www. gov. cn/xinwen/2015 - 12/28/content_
5028564. htm，最后访问日期：2017 年 3 月 18 日。

③ 参见《银监会〈网络借贷信息中介机构业务活动管理暂行办法（征求意见
稿）〉公开征求意见》，http：//www. gov. cn/xinwen/2015 - 12/28/content_
5028564. htm，最后访问日期：2017 年 3 月 18 日。

运营方式创造新的商业机会，而监管科技则是为了帮助市场参与者和监管者以更加高效的方式遵守运营规范"。① 正如有些学者所言，P2P监管政策应该由中央政府做主体设计，再给地方政府授权，不能让地方政府直接做。②

第三节 中央金融监管与地方金融监管

关于中央与地方金融监管权力划分的官方提法，始见于党的十八届三中全会，在该次会议上通过的《关于全面深化改革若干重大问题的决定》中明确规定，"落实金融监管改革措施和稳健标准，完善监管协调机制，界定中央和地方金融监管职责和风险处置责任"。在中央金融监管与地方金融监管的学术研究方面，不少学者早有相关涉猎，"顺应地方金融扩张的发展趋势，超越国家整齐划一的中央垂直金融监管模式，可将金融监管类型化为中央金融监管和地方金融监管"。③ 从目前监管的实际形势来看，中央金融监管占了绝对的大头，而地方金融监管更像是配合的角色，在整个金融监管体系中承担着较为薄弱和边缘化的监管任务（见表1－6）。2018年2月，中国共产党第十九届中央委员会第三次全体会议提出，"要理顺中央和地方职责关系，更好发挥中央和地方两个积极性""中央加强宏观事务管理，地方在保证党中央令行禁止

---

① 众筹家：《欧洲金融监管如何看待众筹？》，http://www.sohu.com/a/153415690_264613，最后访问日期：2017年7月28日。

② 张承惠：《P2P监管主体须是中央地方被过度授权》，http://mt.sohu.com/20160120/n435161739.shtml，最后访问日期：2017年3月6日。

③ 刘志伟：《地方金融监管分权：协同缺失与补正路径》，《上海金融》2017年第1期，第42页。

前提下管理好本地区事务，赋予省级及以下机构更多自主权"。这是我国在中央与地方职权划分方面的最新官方表述。

表1-6 我国中央与地方金融监管部门职能分工与管理模式

部门	主要监管职能	机构管理模式
中国人民银行	制定和实施宏观货币政策与宏观信贷指导政策，防范系统性金融风险，监督管理银行间同业拆借市场、银行间债券市场、银行间票据市场、银行间外汇市场和黄金市场，承担反洗钱工作等	纵向垂直管理
中国银监会	审批银行业金融机构的设立、变更、终止以及业务范围，对银行业金融机构的董事和高级管理人员实行任职资格管理，制定银行业金融机构的审慎经营规则，对银行业金融机构的违法违规行为进行处理处罚等	纵向垂直管理
中国保监会	审批保险公司及其分支机构、保险集团公司、保险控股公司的设立，审定各类保险机构高级管理人员的任职资格，制定保险从业人员的基本资格标准，对保险企业的经营活动进行监督管理等	纵向垂直管理
中国证监会	监管股金和其他债券、证券的发行、上市、交易，监管上市国债和企业债券的交易活动，监管上市公司及其股东的证券市场行为，管理证券期货交易所、投资基金管理公司等机构，对证券期货违法违规行为进行处罚等	纵向垂直管理
地方金融办	审查批准地方金融机构（小额贷款公司、融资性担保公司等）的设立、变更和终止，对地方准金融机构的董事和高级管理人员实行任职资格管理，对地方准金融机构的业务活动及其风险状况进行监督检查并对其违规行为实施处罚等	横向块块管理

资料来源：马向荣：《公共管理视角下中央与地方金融监管权责划分》，《西南金融》2017年第3期，第51页。

一 中央金融监管

（一）中央金融

中央金融，顾名思义，应该是从经营范围上来判断其"中央性"，也就是金融业态突破地方性的金融机构或准金融机构，包括总部设在地方的股份制银行、城市商业银行、证券公司、期货公司、保险公司等金融机构。[①] 中央金融关系到一国的经济形势，是一国经济发展活力和健康状况的表现。比如，2018 年初，中国人民银行副行长易纲撰文发声，为守住不发生系统性金融风险的底线，将进一步完善宏观审慎政策框架，探索将影子银行、房地产金融、互联网金融等纳入宏观审慎政策框架。所谓"影子银行"，实际上包括银行影子和传统影子银行业务，前者主要是银行创造信用货币的过程，[②] 但更多的银行之外的从事金融业务的机构实际上才是影子银行的重要规制对象，对有风险的影子金融进行金融去杠杆化，说明防范风险是中央金融最重要的任务，其用意在于将经济置于稳定的基础之上。[③] 2018 年机构改革之后，中央金融监管呈现更加密集的态势（见表 1 - 7）。

---

① 周春喜、黄星澍：《地方金融的监管逻辑及规范路径》，《浙江工商大学学报》2014 年第 5 期，第 87 页。

② 孙国峰、贾君怡：《中国影子银行界定及其规模测算——基于信用货币创造的视角》，《中国社会科学》2015 年第 11 期。

③ 伍欣：《全球瞩目中国进入"两会时间"》，《参考消息》2018 年 3 月 3 日，第 1 版。

表 1 - 7　2018 年 4 月以来金融监管文件汇总（截至 2018 年 5 月 14 日）

	公布时间	具体内容
央行主导	2018 年 5 月 14 日	据新浪援引媒体称，中国监管层计划限制部分结构性存款产品的发行
	2018 年 5 月 10 日	监管层就资管新规低调放风
	2018 年 5 月 10 日	《互联网黄金业务暂行管理办法（征求意见稿）》
	2018 年 5 月 3 日	《关于进一步明确人民币合格境内机构投资者境外证券投资管理有关事项的通知》
	2018 年 4 月 27 日	《关于规范金融机构资产管理业务的指导意见》
	2018 年 4 月 27 日	《关于加强非金融企业投资金融机构监管的指导意见》
央行主导	2018 年 4 月 17 日	下调部分金融机构存款准备金率以置换中期借贷便利
	2018 年 4 月 13 日	《关于证券公司短期融资券管理有关事项的通知》
	2018 年 4 月 11 日	易纲行长在博鳌论坛上宣布进一步扩大金融业对外开放的具体措施和时间表
	2018 年 4 月 9 日	《国务院办公厅关于全面推进金融业综合统计工作的意见》
	2018 年 4 月 3 日	《关于加大通过互联网开展资产管理业务整治力度及开展验收工作的通知》
中国银保监会主导	2018 年 5 月 14 日	商务部将融资租赁公司、商业保理公司、典当行业的监管职权移交至银保监会，4 月 20 日生效
	2018 年 5 月 9 日	《关于规范银行业金融机构跨省票据业务的通知》
	2018 年 5 月 7 日	《个人税收递延型商业养老保险产品开发指引》
	2018 年 5 月 4 日	《商业银行大额风险暴露管理办法》
	2018 年 5 月 4 日	《关于规范民间借贷行为、维护经济金融秩序有关事项的通知》
	2018 年 4 月 27 日	《关于放开外资保险经纪公司经营范围的通知》
	2018 年 4 月 27 日	《关于进一步放宽外资银行市场准入有关事项的通知》
	2018 年 4 月 23 日	《融资担保公司监督管理条例》四项配套制度
	2018 年 4 月 13 日	《关于进一步加强农村中小金融机构大额风险监测和防控的通知》

续表

	公布时间	具体内容
中国证监会主导	2018 年 5 月 11 日	《关于进一步加强证券公司场外期权业务监管的通知》
	2018 年 5 月 10 日	上海证券交易所发布《资产支持证券存续期信用风险管理指引（试行）》
	2018 年 5 月 4 日	北京证监局提示债券市场风险
	2018 年 5 月 4 日	《存托凭证发行与交易管理办法（征求意见稿）》
	2018 年 5 月 4 日	《证券公司和证券投资基金管理公司境外设立、收购、参股经营机构管理办法（征求意见稿）》
	2018 年 5 月 4 日	《证券期货经营机构及其工作人员廉洁从业规定（征求意见稿）》
	2018 年 4 月 28 日	《外商投资证券公司管理办法》
	2018 年 4 月 25 日	中国银行间市场交易商协会下发《关于切实加强债务融资工具存续期风险管理工作的通知》
中国证监会主导	2018 年 4 月 25 日	《关于推进住房租赁资产支持证券化相关工作的通知》
	2018 年 4 月 20 日	《证券基金经营机构使用香港机构证券投资咨询服务暂行规定（征求意见稿）》
	2018 年 4 月 21 日	中国证券投资基金业协会表示将针对股权、债权、收益权三类投资提出更有针对性的登记备案须知
	2018 年 4 月 13 日	《关于推动资本市场服务网络强国建设的指导意见》
	2018 年 4 月 13 日	中国证券投资基金业协会表示后续将配套资管新规落地四大任务
	2018 年 4 月 10 日	证券业协会创新部明确暂停证券公司与私募基金开展场外衍生品业务

但中央金融监管范围的庞大，并不能说明中央金融监管都已到位，完全能契合各种监管需求，以经济较为发达的广东省来说，在"一行三会"中，仅央行的分支机构设立到县级。中国证监会设立到省级，中国银监会设立到地级市，保监会仅在部分地市有设立。①

---

① 李扬、陈文辉：《国际保险监管核心原则——理念、规则及中国实践》，经济管理出版社，2006，第 52 页。

我们可以通过表 1-8 来对中央与地方之间的金融管理分权做一简单对比。

表 1-8 中国现有金融监管权分配结构表

金融管理权	法律规定	中央政府的权力	地方政府的权力
促进金融监管与稳定	《中华人民共和国中国人民银行法》《中华人民共和国证券法》《中华人民共和国商业银行法》《中华人民共和国保险法》	集中于"一行三会",其中中国银监会、中国证监会、中国保监会的金融机构、金融产品、金融业务的市场准入、行政审批制是"一行三会"金融监管的重要手段	制度规定上几乎没有任何实质权力,只有协调当地"一行三会"的关系,承担当地金融稳定与风险处置的职责
货币、借贷、利率、汇率以及外汇储备等宏观调控权	《中华人民共和国中国人民银行法》《国务院关于部委管理的国家局设置的通知》等	集中于中国人民银行、中国人民银行控制的金融机构的存贷款利率,以及拥有隐性的贷款配额限制	制度规定上几乎没有任何实质性权力,只对地方金融机构的信贷计划有所干预
国有金融资产管理	财政部《金融企业国有资产转让管理办法》等	国有金融资产管理,主要由财政部和汇金公司负责,涉及财政部、中国银监会、中国证监会、中国保监会、中国人民银行、国家发展和改革委员会、国家审计署、中央组织部等	地方国有金融资产管理,主要由地方财政局、地方金融办、地方国资委等负责

资料来源:李凌:《论双层监管体制下小微金融监管制度创新》,《中南财经大学学报》2014 年第 3 期,第 96 页。

(二)央地金融监管的关系

从新中国成立至今,中央与地方金融监管之间的金融分权经历了多个阶段,主要包括金融高度集权期(1949~1978)、金融初步分权期(1979~1992)、金融重新集权期(1993~2003)、金融再次分权期（2003~　　）。① 也有学者对应将 2003 年之前的时期划分为三个时代：混业监管时代（1948~1991），由中国人民银行统一监管所有的金融活动；分业监管趋势出现（1992~2002），我国的金融监管体制逐步从大一统的混业监管向分业监管转变，直到2003 年，我国当前的分业监管体制才基本成型；分业监管体制成型（2003 年至今），我国金融监管体制从中国人民银行"大一统"的监管模式逐渐演变成"一行三会"分业监管体制。这种阶段划分实际上与我国财权事权划分的阶段是相契合的。② 在金融再次分权期，虽然说央地分权再次成为主流，但在某些领域，中央金融监管范围庞大，也不轻易向地方金融监管部门授权，这是两者之间监管缺位、错位的重要原因。实际上，在保证中央宏观事务监管权的同时，完全可以将一些微观具体的监管事项授权地方。地方政府也完全应该获得一些中、小、微银行金融机构的审慎监管权。③ 从上述表述中可以看出，地方政府没有城商行甚至农信社等机构的监管权，这也是造成地方一些金融活动缺少法律约束的实质性原因。实际上，在省辖行政区域内成立而且主要服务于地方经济发展的金融机构，都应该逐渐从中央金融监管的范围内淡出，而交由地方监管，这里，对于银行类金融机构，可以考虑其受众面是否具有跨区域经营特征，以此来区别是由中央监管还是由地方完成。但地方金融监管也应该尊重市场边界，保证中央对金融

---

① 王俊：《金融分权演变研究：基于机构、市场与监管视角》，《金融理论与实践》2016 年第 10 期，第 35~39 页。

② 谭波：《央地财权、事权匹配的宪法保障机制研究》，社会科学文献出版社，2018，第 74~83 页。

③ 李凌：《论双层监管体制下小微金融监管制度创新》，《中南财经大学学报》2014 年第 3 期，第 97 页。

监管的主导，最终实现横向统合、纵向分层的双层监管体制。①

实际上，在最近十多年的实践中，如果一些新型金融业态没有明确被划归"一行三会"的垂直监管中，则统统划归地方政府进行分权化的日常监管，甚至一些传统监管责任比较明确的金融机构，如果发生金融风险涉及维稳，地方政府也往往会被动承担风险处置的主体责任。②

二 地方金融监管

（一）地方金融

要了解地方金融监管，首先要对地方金融监管的对象有个初步的了解和理解，也就是要分析并知晓地方金融的概念。学界普遍认为，地方金融指由地方人民政府审批或管理，并承担风险处置责任的金融机构或金融组织，这一认定没有突出地方金融的地方性特征。实际上地方金融应该是立足并主要服务于特定地方经济的法人金融机构或金融业态，在地方注册并由当地政府负责风险处置是其重要特征。③ 有些学者认为，地方金融的外延包括小额贷款公司、农村资金互助社、融资性担保公司、典当行等地方性民间金融机构或金融业态。④ 民间金融目前在我国官方话语体系中

① 段志国：《金融监管权的纵向配置：理论逻辑、现实基础与制度建构》，《苏州大学学报》（哲学社会科学版）2015 年第 4 期，第 121 页。

② 郭峰：《政府干预视角下的地方金融：一个文献综述》，《金融评论》2016 年第 3 期，第 75 页。

③ 周春喜、黄星澍：《地方金融的监管逻辑及规范路径》，《浙江工商大学学报》2014 年第 5 期，第 87 页。

④ 刘志伟：《地方金融监管权的理性归位》，《法律科学》2016 年第 5 期，第 157 页。

没有明确界定，但作为其主要形态的民间融资，被界定为"相对于国家依法批准设立的金融机构的资金往来而言的，泛指非金融机构的自然人、企业以及其他经济主体（财政除外）之间以货币资金为标的的价值转移及本息支付"。[1] 民间金融就可以被界定为"游离于正规金融监管体系之外的金融活动，包括民间借贷但不限于民间借贷，还包括定向债券融资、定向资金集合、私募基金、票据直接交付、应急转贷、委托理财、融资租赁、典当、融资担保、证券配资、合会、资产管理、并购融资、集合投资计划"等业态，[2] 或者可以说是中央驻该地金融监管部门法定监管范围之外的新型金融组织和金融活动，包括民间资本管理机构、民间融资登记服务机构等新型金融组织和权益类、大宗商品类等具有金融属性的交易场所。[3] 因为有些地方的正规性金融机构，已经被纳入中央金融监管的视野和范畴。而其他相应的地方金融业态还可以包括：农村商业银行、农村合作银行、农村信用社等小型农村金融机构；村镇银行、贷款公司等新型金融机构；股权投资基金、融资租赁公司、商业保理公司、典当行、中小企业票据服务公司、小微企业再担保中心和中小企业应急转贷中心等金融业态；等等。[4]

---

[1] 李有星：《民间金融监管协调机制的温州模式研究》，《社会科学》2015 年第 4 期，第 114 页。

[2] 杨东：《市场型间接金融：集合投资计划统合规制论》，《中国法学》2013 年第 2 期；李有星：《民间融资规范与引导对策研究：以浙江为例》，转引自《金融法律评论》（第三卷），中国法制出版社，2012，第 32 页。

[3] 陈晨：《地方金融监管体制改革路径研究——以山东省为例》，《山东经济战略研究》2014 年第 10 期，第 28 页。

[4] 周春喜、黄星澍：《地方金融的监管逻辑及规范路径》，《浙江工商大学学报》2014 年第 5 期，第 87 页。

（二）地方金融监管主体

1. 设立现状

地方金融监管主体的设立实际上还是来源于中央有关监管部门发布的规范性文件，但从规范性文件的级别来看，普遍不高，权限主要表现在国务院授权和部委委托，地方政府组织法规中有关金融管理规定内容缺失；规定的内容是针对具体的金融机构或准金融机构，没有从金融监督管理权的角度进行立法（见表1－9）。[①]

表1－9　2003 年以来地方金融办的相关职权一览

年份	依据文件	文件具体内容
2003	《国务院关于印发深化农信社改革试点方案的通知》	将农信社的管理交由省级地方政府负责，并要求地方政府防范和处置辖内农村信用社的金融风险
2004	《国务院办公厅转发银监会人民银行关于明确对农村信用社监督管理职责分工指导意见的通知》	明确各省政府对辖内农信社的基本职责
2008	《银监会央行发布关于小额贷款公司试点的指导意见》	明确省级政府指定的主管部门负责对小额贷款公司的监督管理
2010	中国银监会、国家发改委等七部委联合公布《融资性担保公司管理暂行办法》	规定省级人民政府指定监督管理部门具体负责融资性担保公司的准入、退出、日常监管和风险处置工作

从地方金融监管的实际操作主体来看，主要是地方的金融办、商务局等机构。2002 年上海市首次设立地方金融办后，其他地方

---

① 中国人民银行九江市中心支行课题组：《立法规范地方政府金融管理职责的思考》，《武汉金融》2013 年第 4 期，第 66 页。

陆续设立了相应的金融服务办公室或金融工作办公室。北京市金融办也于同期设立，后来在全国首先升级为金融局，下设银行服务处、证券期货服务处、保险与非银行服务处、金融市场处、金融稳定处。在省级层面，山东省的金融办做得相对完善，在 17 个地市、137 个县级市都设立了相应的金融工作机构，加挂金融监督管理局的牌子，2013 年 12 月山东省潍坊市首先在全国设立了金融监督管理局。① 但各地实际情况不一，侧重于服务职能的金融办一般被称为"金融服务办公室"，侧重于监管、协调职能的则被称为"金融工作领导小组办公室"。此外，还有"金融稳定办公室""金融管理办公室"等诸多称谓，有些地方的机构设置更多注重议事协调。②

2. 机构内设情况

以河南省为例，其地方金融服务机构成立于 2009 年，是第六轮政府机构改革的产物，根据《中共河南省委河南省人民政府关于印发河南省人民政府机构改革实施意见的通知》（豫文〔2009〕18 号），其属于省政府直属机构，其主要职责中与监管有关的内容表述为"负责联系驻豫金融监管机构，为金融监管机构履行职责创造良好的条件和环境"，在其下设机构中，银行保险处负责联系银行、保险监管机构，为金融监管机构履行职责创造良好的条件和环境，资本市场处负责联系证券监管机构，为证券监管机构履行职责创造良好的条件和环境，金融稳定处承担河南省处置非法集资联席会议办公室职责，做好全省打击和处置非法集资工作，

---

① 吴维海：《构建依法运作、协同监管的地方金融办运作机制》，《海南金融》2015 年第 8 期，第 61 页。

② 郭德香、李海东：《金融改革背景下我国地方金融监管模式研究》，《郑州大学学报》（哲学社会科学版）2016 年第 5 期，第 64 页。

研究、制定金融稳定相关办法并组织实施，负责制定河南省金融生态环境建设规划并组织实施，协调有关部门打击非法证券、非法保险和非法外汇买卖活动，协调反洗钱、反假币工作。另外，其融资担保处负责对区域内的融资担保进行相应的监管，如草拟《河南省融资担保公司设立审批工作指引（暂行）》，其中提到，"各级监管部门要结合本地经济发展状况、金融生态环境、辖区融资担保公司发展现状和自身监管能力"，"属地监管部门要依照本指引一线把关"。2018 年河南省金融监督管理局成立，作为省政府直属机构，其职责主要包括以下几点。贯彻执行党和国家金融工作法律、法规和方针、政策；研究分析国内外金融形势和全省金融业发展重大问题，拟订全省金融业发展中长期规划；拟订加强对金融业服务、促进金融业发展的意见和政策建议。负责联系驻豫金融监管机构，为金融监管机构履行职责创造良好的条件和环境。联系各类金融机构，引进省外和外资金融机构入驻，并做好配合服务；组织开展政府与金融机构合作，金融机构和企业对接，引导、协调和鼓励金融机构加大对全省经济社会发展的支持力度。促进全省资本市场的改革、培育和发展，推进多层次资本市场建设，协调期货市场发展；统筹推动全省企业改制上市；协调上市公司重组、兼并和再融资工作；联系和服务资本市场中介机构。牵头负责地方投融资体系建设；指导全省城市商业银行、城市信用社、农村信用社等地方金融机构的改革、发展和重组。会同有关部门防范、化解和处置全省金融风险；协调有关部门做好打击非法集资、非法证券买卖和反洗钱、反假币工作；配合相关部门推进金融诚信环境建设。承办省政府交办的其他事项。

第二章　金融监管的组织机构

第一节　我国金融监管机构的演变历程

在中国历史上，虽然金融活动并不像现代社会如此频繁和典型，但金融监管的影子早已有之。比如，关于货币铸造权的监督与控制问题，其实就是一种典型体现。以汉朝该项权力行使的演变过程为例，在汉初曾经实行的货币铸造权下放，到了汉武帝时期得到改变，主要还是出于中央集权的需要，中央收回了各封国的货币铸造权，① 这对于稳定金融秩序和统一度量有着直接的促进作用，也体现了金融监管所具有的威力与效应。但总体来说，金融监管在中国古代并不如现代社会如此严密，在中国封建社会历史中，相继形成的各地商派、商会，其实是民间金融发展的典型实例，但相对而言，当时的金融业监管略有欠缺。② 后期有些商号的衰败与监管的缺失以及政商结合过于紧密也有直接的联系。

从中外历史来看，任何一个中央集权王朝的勃兴之初，都必须有一次财政税收的大集权，而中央财政的崩溃，在很多时候并非天灾，而往往是征税体系的瓦解。③ 而金融在其中扮演的角色，则是维

① 王新春：《出土文物媲美马王堆　江西考古之最海昏侯墓》，《国家人文历史》2015 年第 24 期，第 29 页。

② 杜颖、马紫璇、张晶：《晋商票号经营对金融业监管的借鉴与启示》，《北方经贸》2015 年第 6 期，第 52 ~ 53 页。

③ 谭保罗：《印度的中央集权为何失败？》，《南风窗》2017 年第 17 期，第 6 页。

护整个税收收入开支和体系化运作的稳定有序。金融机构则是具体承担该项工作的载体，金融监管机构则是保障该项工作顺利进行的后盾。

一　中央金融监管机构的总体演变历程

我国自新中国成立以来，国内的金融机构经历了较为复杂和系统的演变（见表 2 – 1）。

表 2 – 1　国内金融监管机构的演变

改革时段	改革内容
1969 ~ 1978 年①	中国人民银行、财政部合署办公
1979 ~ 1984 年	四大国有银行先后从中国人民银行恢复或分出，中国人民银行专注于监管，剥离了商业银行业务
1992 年	国务院决定中国证券监督管理委员会成立
1998 年	中国保险监督管理委员会成立
2003 年	中国银行业监督管理委员会成立，央行保留货币政策制定、信用建设和反洗钱等监管职能
2008 年	国务院建立"一行三会"金融工作"旬会制度"
2013 年	金融监管协调部际联席会议制度运行，② 央行召集，三会参与，另有外汇局也融入，不改变现行金融监管体制，不替代、不削弱现行职责分工
2016 年	国务院办公厅要求成立国家互联网金融风险专项整治工作领导小组，其办公室设在中国人民银行，中国银监会、中国证监会、中国保监会、国家工商总局和住房城乡建设部等派员参与办公室日常工作。中国人民银行、中国银监会、中国证监会、中国保监会和国家工商总局成立分领域工作小组，同时，要求各地方领导小组办公室设在省（自治区、直辖市）金融办（局）或中国人民银行省会（首府）城市中心支行以上分支机构

---

①　也有学者提出我国从新中国成立到 1994 年应为一个阶段，其特点可总结为早期的混业经营：从金融"大一统"到"百家争鸣"。

②　但实际效果不如人意，金融监管协调部际联席会议办公室最终更像是信息分享和日常沟通平台。

续表

改革时段	改革内容
2017 年 11 月	设立国务院金融稳定发展委员会，作为"金融监管协调部际联席会议"的升级版，从之前的"水平协调"升级到此后的"垂直协调"，强化中国人民银行宏观审慎管理和系统性风险防范职责
2018 年 3 月	将中国银行业监督管理委员会和中国保险监督管理委员会的职责整合，组建中国银行保险监督管理委员会，仍作为国务院直属事业单位。将中国银行业监督管理委员会和中国保险监督管理委员会拟订银行业、保险业重要法律法规草案和审慎监管基本制度的职责划入中国人民银行，金融发展职能由中国人民银行承担，能使监管者专注于监管，提高监管的专业性、有效性、强化中国人民银行宏观审慎管理职能

　　2017 年全国金融工作会议的精神就是要通过国务院金融稳定发展委员会统筹"一行三会"的步调，加强金融监管协调，同时，践行本次全国金融工作会议提出的金融管理事权主要归属中央这一理念，明确中央与地方的金融管理权责、边界，尤其是地方金融办的法律地位与具体权责。[①] 2017 年 11 月，国务院金融稳定发展委员会正式成立，中国人民银行负责履行国务院金融稳定发展委员会办公室的职责，加强金融监管协调，中国银监会和中国证监会等机构都纷纷表态，要服从国务院金融稳定发展委员会的领导，紧紧依靠中央银行的牵头协调，加强与其他部门的监管协调。[②] 国务院金

[①] 唐如钰：《金融稳定发展委员会如何运行：或以高层议事形式存在》，《财经国家周刊》2017 年 8 月 4 日。

[②] 2018 年 7 月，新一届国务院金融稳定发展委员会召开第一次会议，国务院副总理刘鹤任主任，央行行长易纲、国务院副秘书长丁学东任副主任，银保监会主席郭树清、央行副行长兼国家外汇局局长潘功胜、中财办（转下页注）

融稳定发展委员会也被赋予了金融监管问责的权力。而 2018 年的改革则意在分离发展与监管职能，分离监管规制与执行，使监管者专注于监管执行，提高监管专业性、有效性，中国人民银行统筹监管重要金融机构和金融控股公司，统筹规划、建设和监管重要金融市场基础设施（含各类金融资产登记托管机构），统筹负责金融业综合统计，[①] 同时有助于避免宏观审慎政策领域的多头管理和政策信号冲突。

（一）证券监管机构的演变过程

证券监管机构是我国金融监管体系中的重要一支。以证券监管为例，1991 年国务院建立了股票市场办公会议制度。1992 年国家批准成立的其实不只是中国证监会，相应的还有国务院证券委员会，其实针对的是当时深圳出现的股票热以及影响巨大的"8·10"事件，[②] 1992 年 10 月 12 日，国务院办公厅下发《关于成立国

（接上页注②）副主任韩文秀、国家发改委副主任连维良、财政部副部长刘伟任委员。另外，还增加确定了七家协作单位及其成员，即中央纪委副书记、国家监察委员会副主任李书磊，中组部副部长邓声明，中宣部副部长、国务院新闻办公室主任蒋建国，中央网络安全和信息化领导小组办公室副主任、国家互联网信息办公室副主任杨小伟，公安部副部长孟庆丰，司法部副部长刘焈和最高人民法院审判委员会副部级专职委员刘贵祥。

① 徐忠：《对"国务院机构改革方案"金融监管体制改革的解读》，https://mp.weixin.qq.com/s/Ul7_JgMNuyKxt0kxbE625Q，最后访问日期：2018 年 3 月 14 日。

② 1992 年 8 月 10 日，是中国证券市场发展史上一个重要的日子。当时在"邓小平南方讲话"的激励下，中国证券市场的合法地位正式确立，沪深股票市场走出了一轮气势磅礴的牛市行情，其中深圳股市涨幅超过 2 倍，股票供不应求。为平抑股价，增加供给，8 月 7 日，深圳市宣布当年发行 5 亿股公众股，发售 500 万张抽签表，中签率为 10%，每张抽签表可以购 1000 股。（转下页注）

务院证券委员会的通知》。1993 年期货市场的工作被交由国务院证券委，由中国证监会具体执行，1995 年中国证监会的编制方案被国务院通过，其正式被定性为国务院证券委的监管执行机构，1997~1998 年，中国证监会逐渐接管了沪深两市的证券交易所以及由中国人民银行管理的证券经营机构，1998 年《中国证券监督管理委员会职能配置、内设机构和人员编制规定》得以通过，国务院证券委与中国证监会被合并，相应的监管部门共有六家，分别是发行监管部、市场监管部、机构监管部、上市公司监管部、基金监管部和期货监管部。

根据《关于中国证券监督管理委员会主要职责、内设机构和人员编制调整意见的通知》（中央编办发〔2004〕7 号），中国证监会的监管部门还包括非上市公众公司监管部（简称非公部）、投资者保护局、创业板发行监管部，上市公司监管部和期货监管部被分为监管一部与监管二部。

2014 年中央编办批准了中国证监会的内设机构调整方案（见图 2－1），涉及的调整有：发行监管部与创业板发行监管部合并为"发行监管部"（简称发行部），机构监管部与基金监管部合并为"证券基金机构监管部"（简称机构部），上市公司监管一部与上市公司监管二部合并为上市公司监管部，期货监管一

（接上页注②）但是当时市场极度热烈，对股票的需求量极其巨大，5 亿股股票无疑是杯水车薪。于是出现了百万人争购抽签表的局面，并且引发了内部人营私舞弊暗中套购认购表的行为。结果多数人因为没有买到中签表而到市政府示威，从而引发了震惊全国的"8·10"事件。该事件的爆发使得管理层极度震惊，引发了对社会稳定的担忧，并触发了公众投资者对证券市场存废问题的忧虑，导致沪深股市深幅狂泻，上海市场三天之内暴跌 400 余点。摘自互动百科，"8.10"事件，http：//www.baike.com/wiki/8% C2% B710% E4% BA% 8B% E4% BB% B6，最后访问日期：2018 年 1 月 14 日。

部与期货监管二部合并为期货监管部（简称期货部），新成立公司债券监管部（简称债券部）、创新业务监管部（简称创新部）和私募基金监管部（简称私募部）以及打击非法证券期货活动局（简称打非局）。这种改革实际上是在突出功能监管，实现所谓"一领域一管"，并且是在保证内设机构总数不变和编制不变的前提下进行的调整，是为避免监管真空和监管重复的举措。

从中国证监会的监管对象来看，包括期货在内的各种金融衍生产品也在其监管职责范围之内，中国证监会 2008 年发布的《中国证券监督管理委员会证券期货监督管理信息公开办法（试行）》也涉及期货监管的内容。其实在中国证监会的网站上，2005 年关于期货经营机构、期货公司、从事期货相关业务的资产评估机构等都在公开的合法机构名录范围之内，特别是期货公司名录自 2016 年至 2018 年都会公布在中国证监会的网站上。[①] 金融衍生产品可根据交易方式不同分为远期、期货、期权和互换，也可根据原生标的物不同分为股票类、货币类和利率类，具备以上任一种或多种特征的结构化金融产品也可归入其中。[②] 就期货而言，根据我国台湾地区学者的研究，又可以细分为商品期货和金融期货，商品期货包括农牧产品、工矿产品、能源产品和贵金属产品，金融期货分为利率期货、货币期货与指数期货，而利率期货又可分为中长期公债期货与一年期以下债券及货币市场工具期货（如国库券及定存利率期货等），另外根据契约设计的样态不同，可以分

---

① 参见 http://www.csrc.gov.cn/pub/newsite/zjjg/hfjgml/xqhfjgml/index.html，最后访问日期：2018 年 8 月 18 日。

② 许浩明、李捷：《论金融衍生产品交易及监管制度》，河南工业大学河南省重点学科民商法学 2015 年论坛会议论文，郑州，2015，第 31~32 页。

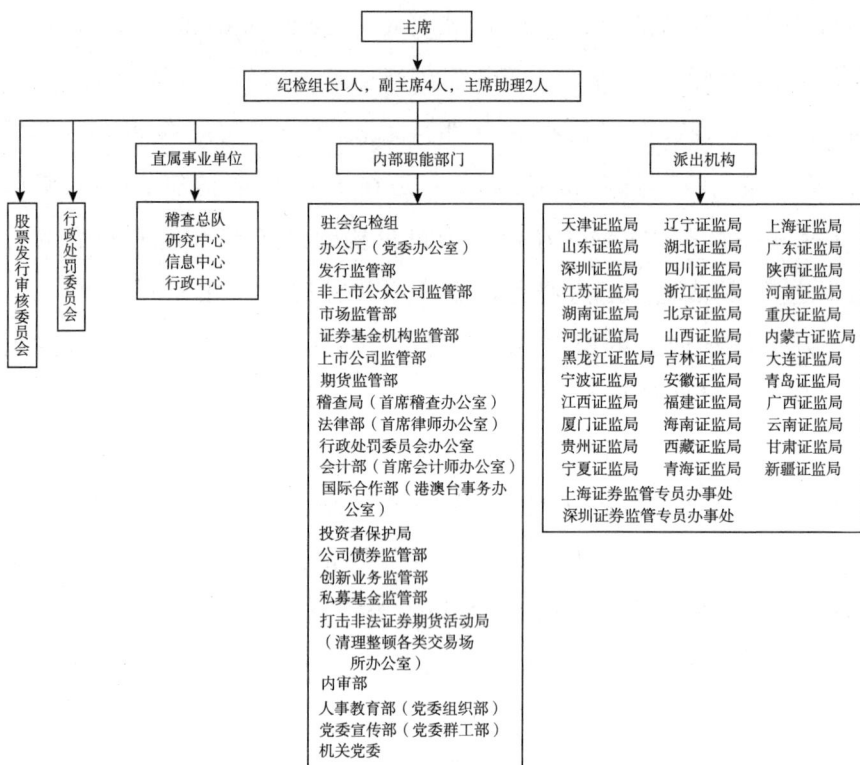

图 2-1 中国证券监督管理委员会机构设置

为期货契约、选择权契约、期货选择权契约及杠杆保证金契约。[1]

（二）其他领域的金融监管机构演变历程

1. 银行监管领域的机构演变

相比之下，中国银监会成立最晚，在此之前，银行监管的职能被置于央行之中，中国人民银行下设银行监管一司、银行监管二司、非银行金融机构监管司和合作金融机构监管司（见表 2-2）。

---

[1] 郭土木:《期货交易契约之设计与审查》，河南工业大学河南省重点学科民商法学 2015 年论坛会议论文，郑州，2015，第 45 页。

表 2 - 2　中国人民银行下属的具体监管机构设置

序号	司级机构	具体监管内容
1	银行监管一司	承担对国有独资商业银行、政策性银行和外资银行的监管工作。依法审核其分支机构的设立、变更、终止及业务范围；拟定业务管理的规章制度；监测资产负债比例、信贷资产质量、业务活动、财务收支等经营管理情况；审查负责人任职资格
2	银行监管二司	承担对股份制商业银行和城市商业银行的监管工作。依法审核有关机构的设立、变更、终止及业务范围；拟定业务管理的规章制度；监测资产负债比例、信贷资产质量、业务活动、财务收支等经营管理情况；审查负责人任职资格
3	非银行金融机构监管司	承担对中国非银行金融机构（证券、保险除外）的监管工作。监测资产负债比例、资产质量、财务状况、业务活动等经营管理情况；审查负责人任职资格
4	合作金融机构监管司	承担对农村和城市合作金融机构的监管工作。指导合作金融机构坚持"自愿入股、民主管理、主要为入股社员服务"的原则，规范合作金融机构的管理；研究并推动合作金融体制改革；拟定合作金融机构资产负债比例管理、信贷资产质量管理、风险管理、利率管理、结算管理等业务管理制度，对其经营风险进行监控，督促其完善内部监督和制约机制；拟定合作金融机构设置条件、业务经营范围、法人代表任职资格等管理办法并组织实施

这些机构经过改革后分别演变为中国银监会如下的机构设置（见表 2 - 3）。

表 2 - 3　中国银监会下属的监管机构设置

序号	原监管机构名称	改革后的监管机构名称
1	银行监管一部	大型商业银行监管部
2	银行监管二部	全国股份制商业银行监管部

序号	原监管机构名称	改革后的监管机构名称
3	银行监管三部	外资银行监管部
4	银行监管四部	政策性银行监管部
5	非银行金融机构监管部	负责监管信托投资公司、财务公司和金融租赁公司等非银行金融机构的监管机构
6	合作金融机构监管部	农村中小金融机构监管部
7	城市商业银行监管部	
8	科技监管部	
9	创新监管部	
10	审慎规制局	

在银行监管领域，2003 年中国银监会得以成立，根据《中国银行业监督管理委员会主要职责内设机构和人员编制规定》，中国银监会下设银行监管一部、银行监管二部、银行监管三部，分别对不同性质的银行加以监管，另有非银行金融机构监管部与合作金融机构监管部。

作为管理银行的银行，2008 年中国人民银行的"三定方案"即《中国人民银行主要职责内设机构和人员编制规定》中，出现了中国人民银行"加强与金融监管部门的统筹协调""会同金融监管部门制定金融控股公司的监管规则"的表述（金融稳定局承担会同有关方面研究拟定金融控股公司的监管规则），以及作为"一行"会同"三会"建立金融监管协调机制，加强货币政策与监管政策之间以及监管政策、法规之间的协调。

2. 保险监管领域的机构演变

以保险监管为例，在 1999 年版的《中国保险监督管理委员会职能配置内设机构和人员编制规定》中，能够以监管内设机构命名的仅仅包括"财产保险监管部、人身保险监管部和保险中介监管部"。2003 年通过的《中国保险监管管理委员会主要职责、内设机构和人员编制的规定》中将中国保监会下设的监管部门界定为"财产保险监管部、人身保险监管部、再保险监管部、保险中介监管部、保险资金运用监管部"。

3. 其他领域的监管机构演变

除此之外，中国人民银行管理的领域还包括外汇管理，国家外汇局属于中国人民银行管理的国家局。在 2009 年国务院办公厅发布的《国家外汇局主要职责内设机构和人员编制规定》中，国际收支司承担银行外汇收支及银行自身结售汇业务以及全国外汇市场的监管，经常项目管理司承担经常项目外汇收支、汇兑真实性审核及境内外外汇账户的监管，资本项目管理司承担资本项目交易、外汇收支和汇兑、资金使用和境内外外汇账户的监管。

4. 目前的状况

2018 年政府机构改革，中国银监会和中国保监会被合并为中国银保监会，经过最终的新增、分拆、撤销、合并与保留，该机构的内设部门被定为"26 + 1"的新格局，即 26 个监管职能部门和 1 个机关党委。其中，保留了 14 个部门，分别为原保监会的 4 个部门，即财产保险监管部（再保险监管部）、人身险保险监管部、保险中介监管部、保险资金运用监管部，以及原中国银监会的 10 个部门，即普惠金融部、创新部、政策银行部、大型银行部、股份制银行部、城市银行部、农村金融部、信托部、非银部、处非办。原中国保监会保留的 4

个部门职能都有所增加,[①] 合并产生的 10 个部门为办公厅 (党委办公室)、政治研究局、法规部、非银行机构监察局、银行机构监察局、消费者权益保护局、国际合作与外资机构监管部、人事部 (党委组织部)、统计信息与风险检测部、财务会计部 (偿付能力监管部),最为瞩目的新增部门为重大风险事件与保险业案件处置局 (银行业与保险业安全保卫局) 和股权与公司治理部。[②]

二 地方金融监管机构改革历程

在地方,各种改革也是如火如荼,相应的改革样板层出不穷,这里所说的地方金融监管机构,其实应该是大概念,既包括位于地方的由中央派出的相应监管机构,也包括有些地方自己成立的金融监管机构。因此,更多地方金融的监管其实是各种机构的有效分工,高效配合,最后搭建出相对合理的地方金融监管体系。如表 2 - 4 所示,有些地方还将银监局也纳入地方金融监管系统,但从实际而言,银监局属于垂直管理机构,是中国银监会的下派组织。

个别的金融领域,取决于该地方金融发展的具体情况和实际需要,以经济特区所在地的深圳为例,其证券机构演变的过程可以说明此趋势 (见表 2 - 5)。

---

① 财产保险监管部新增承担财产保险、再保险机构的准入管理、提出个案风险监控处置和市场退出措施并承担组织实施具体工作的职能。人身险保险监管部新增承担人身保险机构的准入管理、提出个案风险监控处置和市场退出措施并承担组织实施具体工作的职能。保险中介监管部新增承担保险中介机构的准入管理职能。保险资金运用监管部新增承担保险资金运用机构的准入管理、提出个案风险监控处置和市场退出措施并承担组织实施具体工作的职能。

② 蒋牧云:《银保监会三定方案终落地内部调整引关注》,《国际金融报》2018年 8 月 27 日。

表2-4 国内部分省区市地方金融监管对应部门

	小额贷款公司	融资担保公司	典当行	农村资金互助社
北京	金融工作局	金融工作局	商 务 局	中国银监会
上海	金融服务办公室	金融服务办公室	商务委员会	中国银监会
重庆	金融工作办公室	金融工作办公室	商业委员会	中国银监会
天津	金融工作局	金融工作局	商务委员会	中国银监会
广东	金融工作办公室	金融工作办公室	商 务 厅	中国银监会
浙江	金融工作办公室	中小企业局、金融工作办公室	商 务 厅	中国银监会
江苏	金融工作办公室	经济和信息化委员会	商 务 厅	中国银监会
湖北	金融工作办公室	经济和信息化委员会	商 务 厅	中国银监会
四川	金融工作办公室	金融工作办公室	商 务 厅	中国银监会
贵州	中小企业局	经济和信息化委员会	商 务 厅	中国银监会
新疆	金融工作办公室	金融工作办公室	商 务 厅	中国银监会
西藏	金融工作办公室	工业和信息化厅	商 务 厅	中国银监会

资料来源：刘志伟：《地方金融监管分权：协同缺失与补正路径》，《上海金融》2017年第1期，第44页。

表2-5 深圳证券机构演变过程一览

序号	时 间	具体改革内容
1	1993-3-5	中共深圳市委、深圳市人民政府以深发〔1993〕1号文决定成立深圳市证券管理委员会，下设证券管理办公室，为市属局级参照公务员法管理的事业单位，1993年4月1日正式挂牌办公。
2	1997-7-10	深圳市证券管理办公室和深圳市期货管理办公室正式合并，合并后的证券管理办公室设立期货处，履行深圳期货市场监管职能。
3	1998-9	中国人民银行深圳分行将深圳辖区证券经营机构的监管职能划转至深圳证管办。
		根据《国务院批转证监会证券监管机构体制改革方案的通知》（国发〔1998〕29号）、中央编办《关于中国证券监督管理委员会派出机构职能配置及人员编制的批复》（中编办〔1999〕11号），中国证监会设立"中国证券监督管理委员会深圳证券监管办公室"，作为中国证监会派出机构，下辖海口证券监管特派员办事处。

序号	时　间	具体改革内容
4	1999 - 7 - 1	"中国证券监督管理委员会深圳证券监管办公室"正式挂牌。
5	2000 - 9 - 6	根据中国证监会《关于成立中国证监会大区稽查局的通知》，成立中国证监会深圳稽查局，与深圳证券监管办公室为一套机构，两块牌子。
6	2004 - 3 - 1	根据《关于中国证券监督管理委员会派出机构设置和人员编制批复》（中央编办复字〔2004〕11 号）和《关于中国证券监督管理委员会派出机构更名的通知》（证监发〔2004〕17 号），深圳证管办正式更名为"中国证券监督管理委员会深圳监管局"。

　　深圳证监局的下设监管机构包括上市公司监管一处、上市公司监管二处、机构监管一处、机构监管二处、基金监管处、期货监管处，其中上市公司监管是按公司性质与从事行业进行区分监管的，而机构监管则是按照本地异地的区分标准来进行的。

第二节　对境外金融监管机构的考察

　　境外金融监管机构相对来说较为多元，这里的境外包括我国的香港特别行政区和澳门特别行政区以及我国台湾地区。各国的金融监管模式与其国内的金融经营模式有着直接的联系，如果通过理想型的归类方法，可以大体分为以下几类。

一　分业监管模式：美国模式

　　第一种模式被称为美国模式，实际上就是"分业监管模式"，在各个领域又是相对统一的监管模式，因此，实际上是"综合监管 + 分业监管"的模式，美国金融混业经营的模式是金融控股公司制，其是介于全能银行和分业经营之间的模式。[1] 以金融控股公司来实现所谓伞状监管（Umbrella Supervision），美联储是金融控股公司的基本监管者，与财政部一起认定属于金融控股公司的金融业务，[2] 金融控股公司中的银行类业务仍由银行监管机构进行，对于证券类业务，美国政府设立美国证券交易委员会（Securities and Exchange Commission，SEC）开创了政府集中统一监管的监管模式，[3] SEC 被立法机关赋予广泛的权力并具有很大的独立性，以保障其有效地履行职责。[4] 保险类业务的监管则由州保险监管署（SIC）监管，SEC 和 SIC 被称为功能监管者。美国在中央层面的金融监管是在联邦中央银行和三大监管委员会上再成立"更高级的监管机构"，负责统筹协调。[5]

---

① 我国台湾地区在金融发展方向上也有金融控股公司的痕迹，2001 年 6 月 27 日台湾地区所谓"立法院"三读通过《金融控股公司法》后，正式宣告台湾的金融市场将朝整合经营的方向发展；鉴于金融集团跨行合并或与异业结盟者日渐增多，为避免保险、证券、金融等多元监理制度可能产生诸多的管理问题，"行政院"拟定《行政院金融监督管理委员会组织法》草案并送至所谓"立法院"审议。该草案于 2003 年 7 月 10 日三读通过，2004 年 7 月 1 日正式成立所谓"行政院金融监督管理委员会"（Financial Supervisory Commission，FSCEY），以实践"金融监督一元化"之目标，其下设立证券暨期货局等在内的各类具体的监管机构。参见刘云《台湾金融体系的组织架构》，《中国金融》2004 年第 3 期。

② 宋标、徐丹丹：《混业经营下的银行监管问题与模式选择》，《安徽师范大学学报》（人文社会科学版）2005 年第 2 期，第 222 页。

③ 高元：《美国证券监管模式对我国证券监管的启示》，《统计与咨询》2008 年第 1 期。

④ 章武生：《美国证券市场监管的分析与借鉴》，《东方法学》2017 年第 2 期。

⑤ 有学者认为，美国的金融监管者应减少为三个，其中美联储（Federal Reserve）作为银行控股公司的监管者和作为受担保银行（子公司）监管者的美国联邦存款保险公司（FDIC）共同负责银行业监管，美国证券交易委员会（SEC）和商品期货交易委员会（CFTC）负责证券业的监管。希拉·拜尔：《存款保险守护"小人物"》，《中国改革》2013 年第 12 期，第 62 页。

美国的金融监管体制中间还伴有一些较为具体的监管机构（见图 2-2），如 2008 年成立的消费者金融保护局（The Consumer Financial Protection Bureau，CFPB），强化行为监管和牌照控制，其设在美联储之下但又不从属于后者，其局长独立地由总统任命并经参议院同意；2010 年 7 月，美国通过立法成立了金融稳定监督委员会（FSOC），一旦 FSOC 认为某非银行金融机构的破产或业务活动会危及美国的金融稳定，就可以做出认定结论并促使其接受美联储监管，这实际上就使得很多非银行金融机构和影子银行难逃监管，同时赋予美联储更大的监管职能，包括检查非银行金融机构及其附属机构提供各种信息，在非银行金融机构从事附属银行业务时进行类似银行的监管，执行国家的货币政策，促进金融系统稳定，寻求系统风险的最小化，加强私人金融机构的安全与稳健，保证支付和结算系统安全有效，利于消费者保护和社区发展。

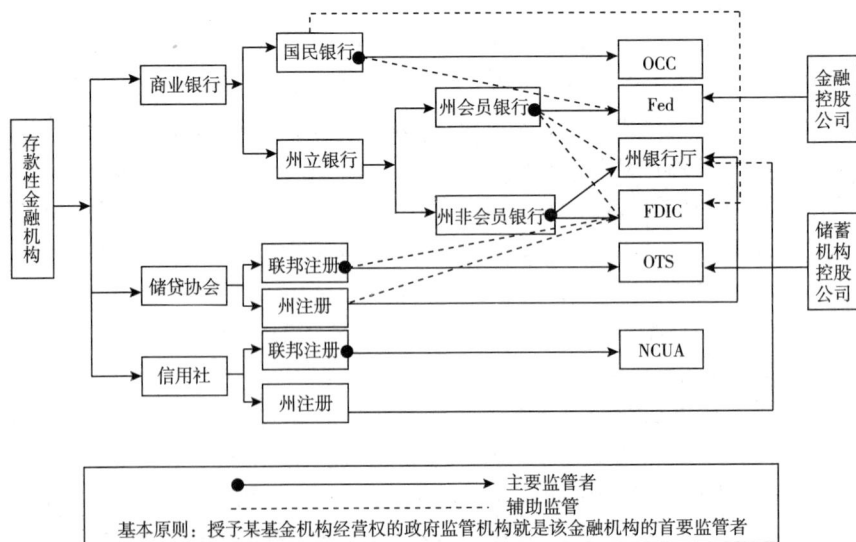

图 2-2 2008 年金融危机前美国银行业监管体系

资料来源：摘自张晓艳《2008 年金融危机后美国、英国和欧盟金融监管体制的改革经验》，《清华金融评论》2014 年第 5 期，第 36~37 页。

美国联邦和州层面对不同金融创新都有不同的发行规则和方法，这实际上也是分权型双层监管模式的体现。很多政策法规实际上是地方和联邦政府妥协的一个产物，很多金融领域是联邦、州政府的多级监管，或者多个部门的多头监管，分权程度非常高。① 在多元监管之余，美国的二级监管也比较典型，联邦监管和地方监管并存，形成了双线监管体制，很多州政府拥有对州内银行、保险等金融机构的监管权力。② 联邦监管者和州监管者之间一旦出现较为显著的分歧，后者一般会尊重前者的权威，前者也与后者保持定期联系，不时从地方汲取一些细节性的意见。③

在 2008 年之前，美国银行业的监管机构如图 2-2 所示，但经过 2008 年金融危机之后，美国的银行业监管机构发生了巨大的变化（见图 2-3）。

上述改革都源于 2009 年 6 月奥巴马任内政府颁布的《金融监管改革新基础》（*Financial Regulatory Reform：A New Foundation*），其虽然撤销了 OTS 和 OCC（美国货币管理署），但又新增了 NBS、FSOC 和 CFPA，加之原有的 FRS、SEC、CFTC、FDIC 和 NCUA 等五家机构，机构数反而由原来的七家增至八家，未能使"多边"变成"单边"，反而更"多边"。④ 由于属于机构性监管和功能性监管的混合模式，不同机构（含纵向联邦机构与州政府、同一层级

① 谭保罗：《技术驱动金融，中国不用再模仿美国——专访蚂蚁金服首席战略官、长江商学院金融学教授陈龙》，《南风窗》2018 年第 5 期，第 65 页。

② 戴国强：《金融改革不妨也列出"负面清单"》，《南风窗》2017 年第 6 期，第 69 页。

③ 〔美〕希拉·拜尔：《存款保险守护"小人物"》，《中国改革》2013 年第 12 期，第 62~63 页。

④ 陈斌彬：《危机后美国金融监管体制改革述评——多边监管抑或统一监管》，《法商研究》2010 年第 3 期，第 145 页。

（1）Fed被赋予对系统重要性金融机构的并表监管权，但消费者保护转由CFPA负责，且Fed货币政策要受联邦审计署（GAO）审查。此外，Fed保留了对州立会员银行的监管权。

（2）遵循有序解散破产机构的原则，FDIC获得分拆破产的系统重要性金融机构的权力，目的是防止一家机构的破产危及整体经济和金融体系安全。FDIC依然保留了对投保银行的监管权。

（3）新成立消费者金融保护局，对提供信用卡、抵押贷款和其他贷款等消费者金融产品及服务的银行、非银行实施监管，并拥有一定的执法权。

（4）除了继续承担国民银行的监管外，OCC还获得了对联邦储贷协会的监管权及对联邦与州储贷协会制定监管规则的权力。

（5）撤销了OTS，并把相关监管权力转移给相应的银行监管者。

（6）新成立FSOC，负责识别、监测和处理危及美国金融稳定的系统性风险，即在认定大型金融机构增长太快，对金融系统构成威胁时，向Fed建议对这些金融机构实施更加严格的监管。

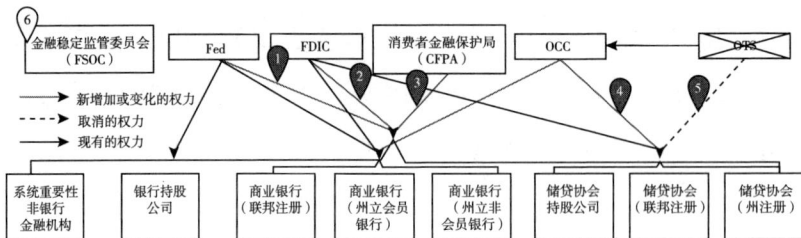

图 2 - 3　金融危机之后美国的银行业监管体系

资料来源：摘自张晓艳《2008 年金融危机后美国、英国和欧盟金融监管体制的改革经验》，《清华金融评论》2014 年第 5 期，第 36～37 页。

的不同部门之间）对于同一功能监管范围的交叉现象难以避免。然而，不同机构由于其监管目标、监管手段以及处理程序等都存在差异，一方面增加了金融机构运行成本，另一方面监管也存在真空地带以及监管信息不对称等问题。[1]

　　我国香港地区的监管体制也属于典型的混业经营、分业监管模式。中国香港的金融监管架构具体由香港金融管理局（Hong Kong Monetary Authority，HMA）、香港证券及期货事务监察委员会（Securities & Futures Commission of Hong Kong，SFC）、香港保险业监理处（Office of the Commissioner of Insurance，OCI）及香港强制性公积金计划管理局（Mandatory Provident Fund Schemes Authority，MPFSA）四大监管机构以及相应的行业自律协会构成，分别负责监管银行业、证券和期货业、保险业和退休计划的业

---

① 陈冀、张伟：《美国双层金融监管模式分析与借鉴》，《浙江金融》2013 年第 2 期，第 48～49 页。

务。① 此外，香港证监会虽然负责监督香港交易所及所有香港上市公司，并对违法的上市公司行使法定调查及执法权力，但审批上市的事宜，仍然由香港联交所（Hong Kong Exchanges and Clearing Limited）审核，包括监察股价走势及媒体报道，审核重大公告及文件的草拟稿，以及制定上市公司的企业管治准则，这也是香港特别行政区政府、香港证监会和香港联交所在 2017 年 9 月共同发布的《改善联交所上市监管决策及管治架构》的总结文件。这种模式其实与美国采取的由证交会审批的模式不同。② 我国澳门地区也有相应的金融管理局（Autoridade Monetária de Macau）。

二　混业监管模式：英国模式

英国中央金融的监管模式则集中于其中央银行（英格兰银行），其央行也被称为"超级央行"，③ 英国银监会、英国证监会和

① 曹凤岐：《香港金融监管体系及其发展趋势——金融监管体系改革博文（五）》，http://blog.sina.com.cn/s/blog_ 5f0c53cd0100jafj.html，最后访问日期：2018 年 1 月 29 日。

② 这种模式也不同于英国的由政府监管部门审批上市的模式，与日本的模式较为接近，也就是由交易所审批上市的模式，这种模式有助于避免独立监管机构对市场的距离感和不接地气，因为独立监管机构本身缺乏动力贴近市场，了解市场需求，只是一味地希望市场稳定。黄逸宇：《香港证监会与港交所的权力"探戈"》，《凤凰周刊》2017 年第 35 期，第 46～47 页。

③ 2013 年 4 月正式生效的英国新金融监管框架，以英格兰银行（央行）为核心，下设金融政策委员会（Financial Policy Committee）和审慎监管局（Prudential Regulatory Authority），前者负责宏观审慎监管与政策协调，后者负责金融机构的微观审慎监管；独立于英格兰央行设置的金融行为监管局（Financial Conduct Authority）则负责投资者保护、维护市场公平以及对金融机构的行为监管。欧阳晓红：《中国超级央行要来了？》，http://www.eeo.com.cn/2016/0409/284880.shtml，最后访问日期：2017 年 2 月 10 日。

英国保监会则被统辖于中央之下，因此，这种模式被称为英国模式，也即"混业监管模式"。原因在于英国金融监管的对象也是相应的金融混合体。加之英国本身也是相对倾向于单一制的国家结构模式，因此，其央地金融监管权的划分也较倾向于集权型单层监管模式。2013 年 4 月生效的英国《金融服务法案》(*the Financial Services Act*) 确立了以英国金融政策委员会（FPC）为主导，英国审慎监管局（Prudential Regulation Authority，PRA）和英国金融行为监管局（Financial Conduct Authority，FCA）分工的新三方金融监管体制，[①]在此之前则是金融服务局（Financial Service Authority）内含审慎监管局和金融行为监管局的职能，其中审慎监管局的监管目标早在2000 年的金融服务与市场法案中就得到确定，即一般目标为促进其管理的公司的安全和稳健，特别目标是对保险公司的监管，便于为投保人提供适当的保护，次要目标则是促进有效竞争。[②]因此，英国的模式实际上由 1997 年以来的"三方共治"（英格兰银行、财政部和金融服务局）转变为"双峰监管"（审慎监管局和金融行为监管局），所以，基于这个原因，英国的监管模式也被称为"双峰模式"［见图2-4 (a)］，只不过这其中还穿插着金融政策委员会的指导和建议作用，而后者主要是由金融行为监管局、英格兰银行和财政部的负责人组成，采取跨部门委员会的方式运行。[③]金融政策委员会将负责"宏观审慎监管"，包括识别和检测系统风险（Systemic Risks），并且

① 岳彩申:《互联网金融监管的法律难题及其对策》,《中国法律》2014 年第 3 期, 第 9 页。

② 参见英格兰银行网站, http://www.bankofengland.co.uk/pra/Pages/default.aspx, 最后访问日期:2017 年 8 月 1 日。

③ 蓝虹、穆争社:《英国金融监管改革:新理念、新方法、新趋势》,《南方金融》2016 年第 9 期, 第 74 页。

议会
议会负责确定法律框架，要求政府对监管框架负责，要求监管机构对其所履行的职能负责

财政部和财政大臣
财政部负责确定监管框架及所有公共基金的使用决策

英格兰银行
与包括财政部、PRA和FCA在内的其他相关部门合作，保护和促进英国金融体系的稳定。英格兰银行的特别清算部门（special resolution unit）使用特别结算程序，负责结算破产的银行

FPC（英格兰银行内部设立FPC）
以保护和促进英国金融体系的活力为目标。通过识别和检测系统性风险并采取行动消除或减小系统性风险来实现英格兰银行保护和促进金融稳定的总体目标

FPC具有向这两个机构就系统性风险问题提供指导和建议的权力

审慎监管

PRA
（英格兰银行的附属机构）负责对银行、保险公司和复杂的投资公司等进行审慎监管以促进这些机构的安全和稳健，最小化这些机构破产的影响

FCA
保护并增强对英国金融市场和金融体系的信心，包括保护消费者、促进竞争、增强英国金融体系的道德素养

审慎监管

行为监管

审慎监管和行为监管

对市场和系统设施监管，包括中央交易对手、清算系统和支付系统

对重要机构的审慎监管，包括存款性机构、保险公司和某些投资公司，如投资银行

多数投资公司、交易所，其他金融服务提供者，包括独立财务顾问（IFAs）、保险经纪人、基金经理等

英国新的金融监管框架

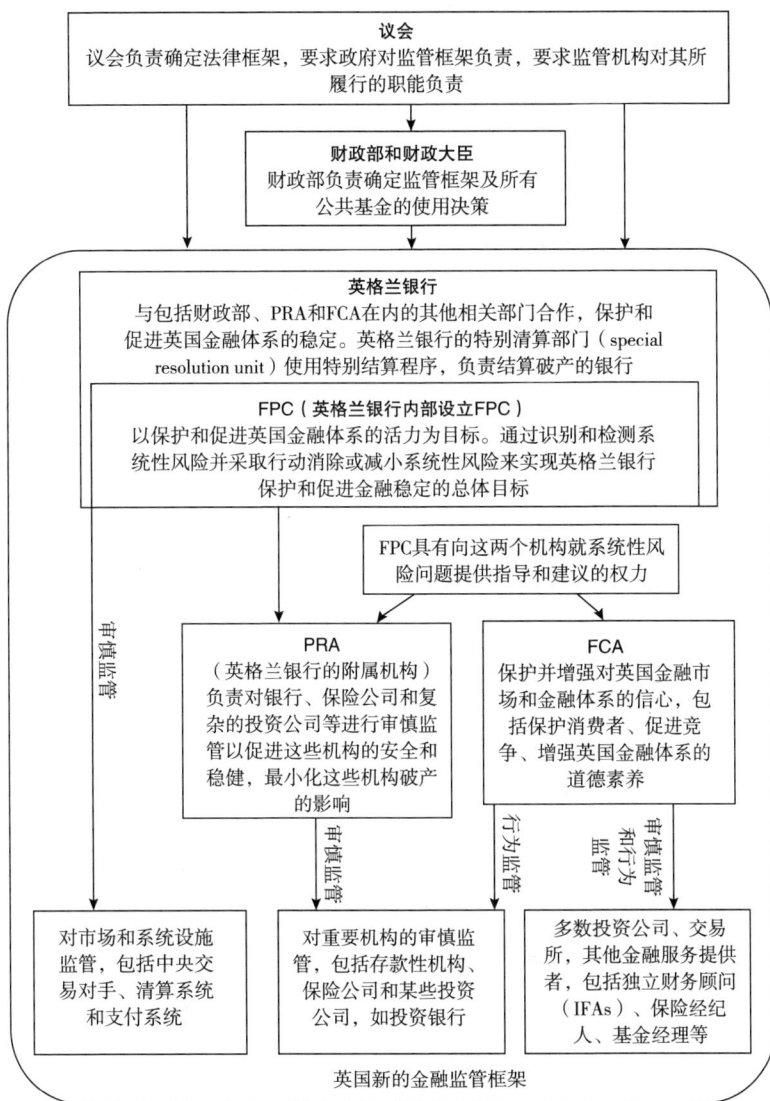

图 2-4（a） 英国金融监管新框架

资料来源：高田甜、陈晨：《基于金融消费者保护视角的英国金融监管改革研究》，《经济社会体制比较》2013 年第 3 期，第 50 页。

可以在必要时采取应对行动，向审慎监管局发布指令或建议。①

① 黄志强：《英国金融监管改革新架构及其启示》，《国际金融评论》2012 年第 5 期，第 21 页。

PRA 向英格兰银行提供关于具体企业风险的信息，以便 FPC 对整个金融部门的风险进行分析。反过来，英格兰银行向 PRA 提供关于风险整体水平的详细信息，帮助后者对单个企业进行分析。[①] 如果 PRA 认为 FCA 采取的措施会对金融体系的稳定带来负面影响，就有权予以否决。FPC 还可以在 PRA 和 FCA 之间扮演仲裁员的角色，当 PRA 和 FCA 就特定事项存在争议且无法通过协商加以解决时，如果事关系统稳定性，双方可以选择听取 FPC 的意见和建议。[②]

图 2 - 4（b）则可视为图 2 - 4（a）的简版，能够更明确细致地看清其中的监管路径。

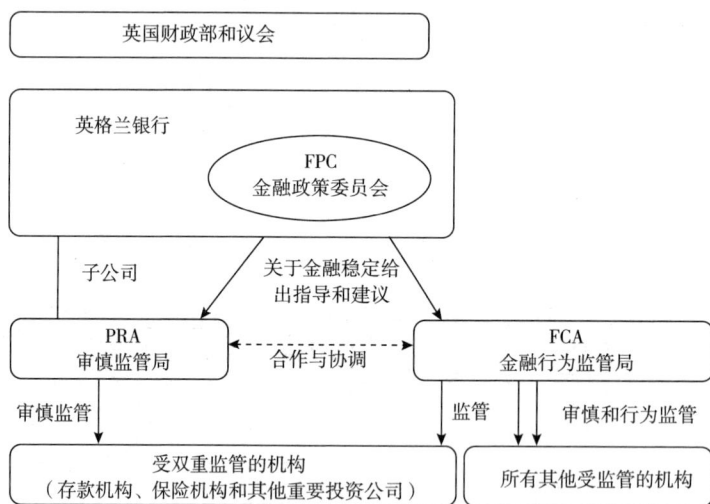

图 2 - 4（b）　英国金融监管新框架

资料来源：Financial Service Authority, *Journey to the FCA*, 2012, p. 11。

---

① 廖凡、张怡：《英国金融监管体制改革的最新发展及其启示》，《金融监管研究》2012 年第 2 期，第 99 页。

② 孙天琦：《次贷危机后英国为什么抛弃金管会模式》，《清华金融评论》2016 年第 1 期。

三　"一行双峰"模式：澳大利亚模式

澳大利亚设有金融监管理事会，这是一个合作主体，其成员主要有澳大利亚储备银行（Reserve Bank of Australia，RBA）、澳大利亚审慎监管局（Australian Prudential Regulation Authority，APRA）和澳大利亚证券投资委员会（Auatralian Security and Investment Committee，ASIC）三个金融监管机构（见表 2 - 6）。

表 2 - 6　澳大利亚三大金融监管机构具体监管职责一览

序号	监管机构名称	具体监管职责
1	澳大利亚储备银行（RBA）	制定及执行货币政策以及维持总体金融稳定，明确以通胀为政策目标，旨在调控宏观经济增长的可持续性
2	澳大利亚审慎监管局（APRA）	负责监管的机构包括银行（接受存款公司）、保险公司以及超级年金机构。旨在维持金融机构的偿付和支付能力，保障存款人、受保人和投资者存放于该等机构的资产，重点是计算该类机构面对信用风险、市场风险及营运风险引申的资金要求
3	澳大利亚证券投资委员会（ASIC）	负责管理金融市场的运作，专注于监控金融产品的开发、销售和交易，重点在于监管市场参与者的行为

上述三个机构成立时间不同，但其协调分工很重要，其中的磨合期并不短，从三大监管机构的权力责任、监管对象、执行工具来看，各不相同，而其终极目标却一致，充分保障了整体金融稳定，保障了存款人及投资者的利益，提高了市场效率。为此，它们之间还签订了一系列谅解备忘录（MOU），建立了信息共享机

制，以保证其监管效率。① 如果用图表示，见图 2 - 5。

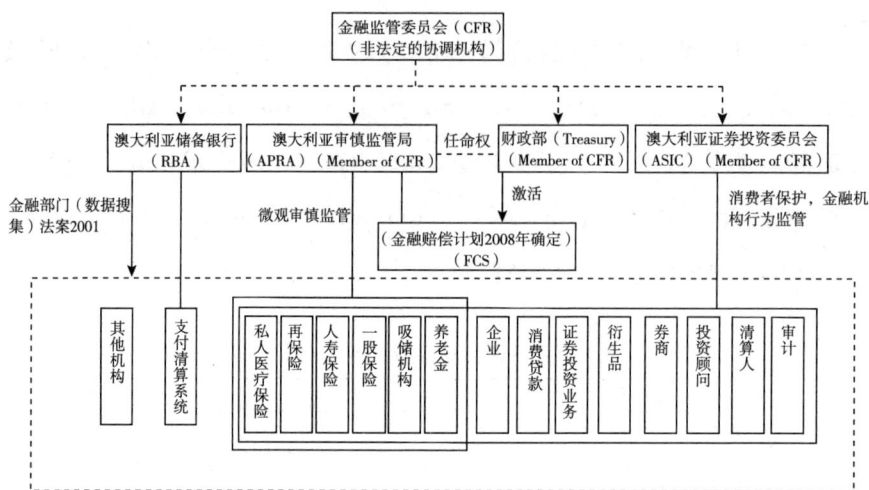

图 2 - 5 澳大利亚金融监管结构

四 其他模式

在上述诸种模式之间，还穿插有"单一央行""一行一会（国家金融监管总局）""一行两会（证监会＋保监会）"等模式。这其中还有集权型单层监管模式的交叉分类，很多国家如俄罗斯、法国、印度、中国等国家采取中央金融监管机构在地区或省设立分支机构，实行垂直管理的形式来执行中央委派的监管事务。② 从世界各国的监管机构数量来说，多少不一，有些国家正如上述模式中所言及的那样，只有一家央行在统管监管，而有些国家监管机构多达两三家（见表 2 - 7 的总结归纳）。

---

① 杨宇霆：《澳大利亚金融监管对中国的启示》，http://www.sohu.com/a/149424117_498715，最后访问日期：2018 年 1 月 28 日。

② 段志国：《我国金融监管权的纵向配置：现状、问题与重构》，《哈尔滨金融学院学报》2015 年第 3 期，第 7 页。

（一）俄罗斯

曾经在法律体制方面对我国有很大影响的俄罗斯，其监管体系也相对庞杂，目前已有的监管机构包括俄罗斯联邦证券市场委员会（FCSM）、场外交易金融工具及技术监管中心（CRFIN）、俄罗斯全国证券市场同业公会（Naufor）、联邦金融市场管理局（CROFR）、俄罗斯联邦中央银行（CBR）、俄罗斯银行协会（ARB）、俄罗斯地区银行协会（ASROS），这与各国的金融国情有关，也是其监管历史的反映。

（二）法国

2008 年金融危机前，法国金融市场监管的机构主要有经济、财政与工业部，法兰西银行，金融市场管理局（AMF），银行委员会（CB）和信贷机构与投资企业委员会（CECEI），其中金融市场管理局是该国 2003 年颁布《金融安全法》后对原有的证券交易委员会（COB）、金融市场委员会（CMF）和金融管理纪律委员会（CDGF）予以合并的结果。2009 年在金融危机爆发后，审慎管理局成立，与金融市场管理局一道，加强对银行、证券、保险等所有金融领域的监管。2010 年法国出台了《银行金融监管法》增设了金融风险与系统性风险委员会，对法兰西银行、审慎监管局与金融市场管理局之间的信息和交流合作进行统一监管，同时对金融衍生产品加强监管，凸显了法国的全能银行、混业监管的特点，另外，将冲基金、私人投资公司等金融衍生交易主体纳入金融统一监管之中。①

---

① 许浩明、李捷：《论金融衍生产品交易及监管制度》，河南工业大学河南省重点学科民商法学 2015 年论坛会议论文，郑州，2015，第 36～37 页。

（三）印度

根据印度1949年银行业管理法案，由印度储备银行授予印度国家农业与农村发展银行监管合作银行和地区农村银行的一部分权力，对地区农村银行和合作银行进行非现场监管、资产组合检查、业务检查、系统研究、管理审计、授权审计和年度财务状况评估等。[①]

表2-7 海外对金融监管体制改革的方案设计一览

序号	方案	具体改革内容
1	委员会+"一行三会"	保持"一行三会"不变，成立金融监管协调委员会，"一行三会"参加，发挥咨询议事功能，并负责综合协调
2	央行+国家金融监管总局	保持央行职能不变，合并"三会"为国家金融监管总局，实行综合监管
3	央行+行为监管局	将"三会"的审慎监管职能并入中央银行，同时成立独立的行为监管局。在合并后的人民银行下设立货币政策委员会、金融稳定委员会和审慎监管局，分别负责制定和实施货币政策及宏观审慎政策，并对金融机构实施审慎监管。同时，央行负责重要金融基础设施监管和金融业综合统计
4	央行+审慎监管局+行为监管局	央行负责审慎政策制定、执行以及系统重要性金融机构、金融控股公司和重要金融基础设施监管，并负责金融业综合统计。"三会"合并组建新的监管机构，专门负责系统重要性金融机构以外的微观审慎监管。同时成立独立的行为监管局。将"三会"中的部分监管人员转入中央银行，充实职能调整后央行的宏观审慎管理和系统重要性金融机构监管的有关工作。同时，集中"一行三会"中投资者保护和消费者权益保护部门力量，负责行为监管和金融消费者权益保护。央行可从宏观审慎角度对审慎监管局和行为监管局提出建议和要求

---

① 邓晓霞：《中印农村金融体系比较》，西南财经大学出版社，2011。

（四）德国

除此之外，还有比较有特点的监管模式，如德国的金融监管比较有分权特点，这主要是由于德国和欧洲大多数国家（如荷兰、瑞士等）一样，采取的是混业经营式的全能银行制，类似于一种"金融百货公司"，[①] 集金融、保险、证券等各类金融业务于一体，因此，相应的监管机构便自然而然地也需要具有全能性，2002 年 5 月成立的德国联邦金融监管局（BaFin）集银行、证券和保险监管于一体，进行混业监管，侧重于对微观金融机构的具体监管，而德意志联邦银行负有协助金融监管机构监管的义务，但其本身并没有行政处罚或其他行政监管权，一度只侧重于对宏观金融市场的监管。[②] 2009 年 10 月，德国新执政联盟宣布废除德国双头银行监管体系，将原来联邦金融监管局监管银行机构的职能划归德国中央银行全权负责。这实际上是全球经济危机导致的结果，即从"去央行化"的金融监管到"金融监管超级警察"式的央行监管。[③] 另外，"德国央行的主要职能，诸如货币政策的制定、外汇业务和储备金管理等已被移交给欧洲中央银行。德国作为欧盟内部举足轻重的核心国家，实行混业监管也是在向统一标准靠拢，服从整个欧盟建立统一的中央监管联盟的需要"。[④]

---

① 黄德权、苏国强：《从金融分业监管向混业监管的新模式》，《经济导刊》2007 年第 6 期，第 33 页。

② 李长春：《德国金融监管一体化模式变革及其启示》，《湖北社会科学》2008 年第 4 期，第 116 页。

③ 刘迎霜：《论我国中央银行金融监管职能的法制化——以宏观审慎监管为视角》，《当代法学》2014 年第 3 期，第 122～123 页。

④ 肖筱林、舒晓兵：《从"分业监管"到"混业监管"——德国金融监管体制的变迁》，《生产力研究》2008 年第 12 期，第 94 页。

对于州来说，州及州以下政府的财政部门不拥有对金融机构的监管职责，根据《银行法》的规定，联邦金融监管局亦不得在各地设立任何形式的下属机构，而是实行地区常规监管代理机制，由德意志联邦银行在各地的分支机构代为承担对金融机构的常规监管事务。① 交易所的营业时间、交易过程则是其监管对象，如果问题严重，就会由州的监管机构提交给联邦金融监管局，在后者分析后，如果发现疑似内幕交易，就会移交给司法部门。② 以德意志银行（Deutsche Bank）在2015年以来遇到的监管为例，就包括了各级监管机构对其的调查和法律诉讼，其中被各级监管机构开出的罚单高达120亿欧元，③ 许多违规甚至违法的操作也被纷纷曝光。

（五）日本

日本金融厅同样没有单独的地方分支局，对地方金融机构的监管由财务省下属的地方财务局负责，在法律上采取由金融厅向财务局长委任权限的形式进行，地方财务局依照委托行使监管职责，接受金融厅的监督指导，财务省对此没有监督管理权限（见图2-6）。④

更有甚者，监管机构多达七八家甚至更多，这些机构之间形

---

① 段志国：《我国金融监管权的纵向配置：现状、问题与重构》，《金融理论与教学》2015年第3期，第7页。

② 史英哲、张蕾：《监管股市，欧美各有招》，《环球人物》2015年第19期，第33页。

③ 除此之外，还包括被英美两国的监管机构开出的25亿美元的罚单，以及2015年11月因为违反美国的制裁条例而被纽约州和美联储开出2.6亿美元的罚单。张纲纲：《德意志银行的内忧外患》，《南风窗》2016年第6期，第67~69页。

④ 段志国：《我国金融监管权的纵向配置：现状、问题与重构》，《金融理论与教学》2015年第3期，第7页。

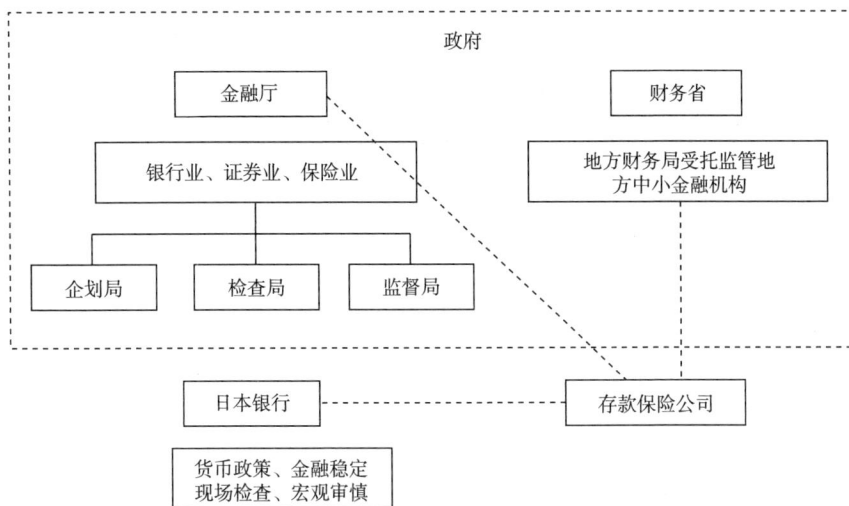

图 2-6　日本现行金融监管体系一览

成相对复杂的协调关系。但如果协调不好，也会产生这样那样的掣肘力，导致监管效果和效率的下降。因此，监管体制改革也在不停地运作开展，以保证效果最优的调适。

（六）韩国

经历了政府全面管制时期、自由化时期、美国次贷危机时 IMF 指导时期和自主化时期，韩国目前的金融监管具有独立性和统一性，有利于避免监管重复，堵住监管漏洞，提高监管质量和效率（见图 2-7）。[1]

五　结语

经营方式与监管方式其实没有必然的联系，混业经营也可以是

---

① 王伟峰：《日本、韩国和中国的金融监管体制改革与变迁的研究》，博士学位论文，厦门大学，2001，第 48~69 页。

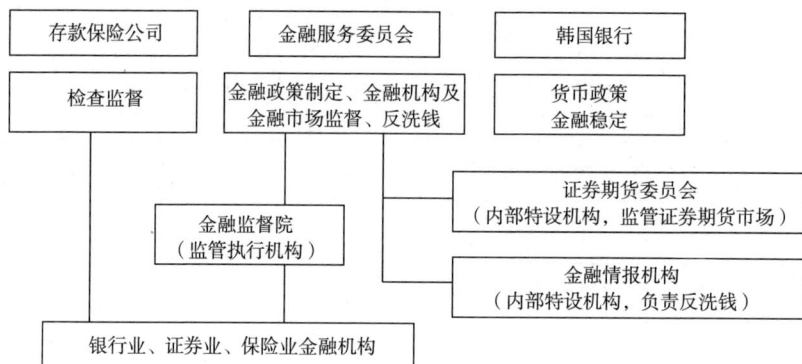

图2-7 韩国现行金融监管体系一览

分业监管，相比之下，"美国模式只做加法不做减法，难以实质性地解决分业监管体系的弊端，英国模式逻辑清晰，但改革成本高，一行两会改革模式阻力较小，可视为渐进式改革的第一步"。① 而分业经营也可以是混业监管，1999年有学者曾对123个国家做过统计，银行业单独监管的占57%，银行和证券、银行和保险统一监管的占33%，银行、证券和保险统一监管的只占0.9%。② 但2008年全球金融危机之后，多国对危机成因做了深刻反思，也相应调整了各自的金融监管权，明确了中央银行宏观审慎管理在防范和化解系统性金融风险中的核心地位，世界各国金融审慎微观监管职能有向中央银行集中的趋势，部分实行货币政策与混业监管并立的国家（相当于"一行一会"模式）逐步把金融监管权并入中央银行（见表2-8），实行货币政策与分业监管并立的国家（相当于

---

① 马鲲鹏、谭卓：《中国金融监管改革六种设想：英国模式 or "一行两会"》，中国改革论坛，http://www.chinareform.org.cn/Economy/finance/report/201605/t20160506_ 2484

06. htm，最后访问日期：2018年1月29日。

② Courtis N. , *How Countries Supervise Their Banks*, *Insurers and Securities Markets*, Central Banking Publications, Freshfields, 1999.

"一行多会"模式）已经出现了中央银行统一监管的趋势。

表 2-8　部分国家金融监管（"一行一会"）集中趋势一览

国家	监管趋势发展
巴西	金融监管是以中央银行为主导的混业监管机制，所有金融机构中只有证券交易所、保险和养老金机构等少数机构不受中央银行监管，巴西中央银行既是货币政策的制定者，又是金融监管者
德国	中央银行与金融监管局共同监管银行业，危机后，中央银行被赋予对德国金融市场的宏观审慎监管职责，金融监管局行使微观审慎监管职权
南非	储备银行作为中央银行与金融服务理事会共同行使金融监管职责，南非储备银行负责对全部银行业金融机构监管，金融服务理事会负责监管非银行金融机构

　　纵向的央地金融监管权划分模式，可以依循本国的国家结构形式和历史传统，在原有的基础上不必找寻与现有模式样板一一对应的关系，可以兼取分权式双层监管模式和集权式单层监管模式的各自优点，灵活适用。2018 年 2 月 6 日，中国人民银行行长周小川在 G20 峰会记者会上提出执行宏观审慎政策框架不一定意味着要有监管体制改革，监管体制改革是一个更复杂、更具有挑战性的题目。其中一个因素是要考虑新的监管体制是否有利于宏观审慎政策体系的有效运行和政策框架的执行。除此以外，还应考虑其他一些因素。2018 年 3 月 9 日，中国人民银行行长周小川在记者招待会上答记者问时，专门提到中国人民银行要在金融监管体制改革中牵头，增强各个金融机构特别是监管机构之间的协调，提高协调的效率，但还是主要依据中国国情，同时也参考包括"双峰监管"体制在内的国际上各种不同的金融监管机构的设置，但也不是说就要采用"双峰监管"的尺度。

第三节 我国金融监管机构评析

一 现有监管格局评析

从监管环节来说，金融监管主要涉及市场准入、业务运营与市场退出等，从央地金融监管的格局来看，中央银行要承担系统监管职责，而"三会"（中国银监会、中国证监会和中国保监会）和地方政府金融办承担业务监管职责（含市场准入、行业规范和消费者保护等）。[①] 市场准入的监管相对完善，从业务运行的监管来看，中国的法律依然不允许混业经营，但现实中，混业早已存在，部分交叉性金融产品跨市场，有些公司的融资模式已经涉及银行、保险和证券等多个领域。[②] 因此，必须解决好各监管部门之间监管权力相互协调的问题，避免相互推脱造成的金融资源浪费，就央地之间的金融监管权力划分而言，则须改变以往地方金融监管缺失的现象。[③]

目前来看，一些地方金融业态的市场准入和业务运营交由地方金融监管机构来监管，还存在一定的风险与可能的监管漏洞。就市场退出来讲，党的十八届三中全会报告中专门提到"完善金融机构市场化退出机制"，但从实际效果来看，市场退出机制并不完善，宽进严出的体制依然羁绊着很多的地方金融监管机构。

---

① 赵福帅：《防控系统性风险大陆拟重构金融监管体制》，《凤凰周刊》2016 年第 15 期，第 79 页。

② 谭保罗：《为什么会有超级监管风暴？》，《南风窗》2017 年第 3 期，第 37 页。

③ 李华珍：《金融体系深化改革的重点》，《光明日报》2017 年 4 月 11 日，第 11 版。

二　监管改革目的角度的评析

监管改革的目的就是使监管更为科学合理，从对金融服务规制者有关规则制定的分析中可以看出，并非所有类型的规则都适用于全部目标，规则的性质对其有效使用设定了限制。[①] 近年来，我国一直在酝酿金融监管领域的机构改革，其改革方向为宏观监管、审慎监管、功能监管、综合监管以及"保权"监管。但即便如此，在金融监管领域，仍存在诸多的灰色地带与领域需要被纳入监管法眼。比如关于众筹的问题，如果众筹平台想从用户那里获得信誉，就会不惜一切代价采取一些非常规的手段，甚至造假，同时还存在的问题包括涉嫌超额担保和针对单个项目重复募集资金。[②] 有些新出现的监管对象，如农村商业银行的监管问题表现突出，如果与互联网金融掺杂在一起，更显出监管缺位问题的严重性；在传统的监管领域，也出现了各种需要强化监管的对象，信托业在 2003 年由央行监管，2003 年之后由中国银监会监管，是我国整顿次数最多的金融子行业，其"灰色"色彩最浓；[③] 还有一些具有国有背景的资产管理公司，作为已具备公募资格的券商，又开始钟情公募基金牌照，设立公募基金公司，其内部的同业竞争成为监管部门必须关注的新问题，而监管本身也并非能解决一切问题，有些期货如原油期货受政治形势影响较大，并非单纯的监管能够解决问题。

---

① 朱莉娅·布莱克：《"哪一支箭"：规则类型与规制政策》，卢超译，《规制研究》第 2 辑，格致出版社、上海人民出版社，2009，第 193～221 页。

② 詹庆生：《透过"病叶"问"病树"》，《北京青年报》2016 年 3 月 11 日，第 B5 版。

③ 谭保罗：《如何审视肖刚的监管"遗产"？》，《南风窗》2016 年第 12 期，第 54 页。

以 2013 ~ 2015 年这一时段为例，我国金融监管政策就在短时间内发生了非常明显的表述变化（见表 2 - 9）。尤其是一些金融监管的非重点领域，更须随着经济和社会的发展不断深化监管。比如，在外汇监管层面，我国进一步加强资本监管，2016 年以来，我国强化了针对跨境人民币交易的限制。中国人民银行通过发布通知、行政指导等方式强化了人民币的交易监管，这将导致跨境资本流动受到严重制约。①

表 2 - 9　我国金融监管现时改革政策引导一览

年份	章　　节	具体内容
2013	完善金融市场体系	在加强监管前提下，允许具备条件的民间资本依法发起设立中小型银行等金融机构。推进政策性金融机构改革，落实金融监管改革措施和稳健标准，完善监管协调机制，界定中央和地方金融监管职责和风险处置责任
2015	构建发展新体制	加强金融宏观审慎管理制度建设，加强统筹协调，改革并完善适应现代金融市场发展的金融监管框架，健全符合我国国情和国际标准的监管规则，实现金融风险监管全覆盖

资料来源：卜永祥：《金融监管体制改革研究（2）问题与方向》，2016 年 2 月 23 日，http：//opinion. caixin. com/100911617. html，最后访问日期：2018 年 1 月 31 日。

三　基于监管属性本身的分析

金融监管领域的改革由于其专业性和技术性均较强，所以，有些改革举措或效果并不为外界所了解和接受。正如中国财政部部长楼继伟所表示的："中国在放宽金融管制制度方面的改革力度

---

① 《中国进一步加强资本监管》，《参考消息》2017 年 2 月 3 日，第 5 版，转引自《日本经济新闻》2017 年 2 月 1 日。

非常大，但这并不见得会被外界所理解。"① 改革本身也应时而动，契合了许多经济发展的现实需求。当然，也有一些领域，由于监管的适时性要求，没有及时出台相应的举措，但并不表示中央对此没有布局和监管思路，只不过这种监管措施的出台过程相对繁复。

金融监管的分层性和区域性日益明显，这也使得各种监管措施开始出现分流。"随着现代金融的日益复杂化，金融也应实现分层监管，除了中央和地方，还需有更精密的分层监管体系，从金融机构、行业协会，到央行流动性调控、社会救助体系等处建立框架。"② 而从现行的地方金融监管的现状来看，我国各省份的金融监管职责和组织框架差异性较大，且地方金融监管资源有限，而各省的金融办着力于建立小贷公司的风险防范系统。③

契合上述改革精神，2017 年国务院办公厅发布了《关于规范区域性股权市场的通知》（国办发〔2017〕11 号），对区域性股权市场监管的权力划分做了明确规定，其中提到，区域性股权市场由所在地省级人民政府按规定实施监管，并承担相应风险处置责任。省级人民政府要根据相关金融政策法规，在职责范围内制定具体实施细则和操作办法，建立健全监管机制，指定具体部门承担日常监管职责，不断提升监管能力，依法查处违法违规行为。而中国证监会主要承担制定统一的区域性股权市场业务及监管规

---

① 楼继伟：《中国正在进行三大改革 外界并不见得理解》，http://finance.ifeng.com/a/20160416/14327013_0.Shtml，最后访问日期：2016 年 4 月 16 日。

② 周兼明：《金融监管是推进国家治理现代化的核心》，《凤凰周刊》2015 年第 34 期，第 1 页。

③ 陈道富：《我国地方金融监管的现状与问题》，《重庆理工大学学报》（社会科学版）2016 年第 11 期，第 2～3 页。

则。中国证监会将根据《通知》精神抓紧制定《区域性股权市场监督管理试行办法》并按程序发布实施。同时加强对省级人民政府开展区域性股权市场监管工作的指导、协调和监督，对省级人民政府的监管能力和条件进行审慎评估，加强监管培训，促使地方监管能力与市场发展状况相适应。同时对区域性股权市场规范运作情况进行监督检查。

第三章 央地金融监管权的配置模式

金融监管体制的核心是在不同监管主体之间分配监管权，其实质是监管权的配置问题，不仅包含横向层面的部门分配，也包含权力在中央和地方之间的纵向分割。[①]

第一节 金融监管权的横向配置

随着金融领域本身的快速发展，监管权在其中的发展也随之出现大量的交叉迹象与趋势。监管对象的发展，也需要不断调整监管权的配置策略。

一 监管形势与监管手段

监管手段是具体实现监管权的重要渠道，也是整个监管制度运作生效的必经途径。目前，在中央与地方金融监管格局当中，地方政府在权力博弈中只得到简单的事权，缺乏足够的监管权力和有效的监管手段，却要承担起较大的金融风险管理责任。由此可以看出，监管手段的配置对于央地金融监管权的具体运作有着直接的影响。[②]

---

① 段志国：《金融监管权的纵向配置：理论逻辑、现实基础与制度建构》，《苏州大学学报》（哲学社会科学版）2015 年第 4 期，第 114 页。

② 杨同宇：《金融权力配置的法治化——以我国中央和地方金融监管权配置为中心的考察》，《财政监督》2015 年第 13 期，第 54 页。

（一）监管交叉与监管联手

监管对象的交叉趋同实际上是未来金融发展的大趋势。从目前金融监管的发展趋势来看，也确实出现了新型的监管难题，曾任中国证监会主席而目前担任中国银监会主席的郭树清就在 2017 年担任中国银监会主席后指出，"部分交叉性金融产品跨市场、层层嵌套，底层不透明，最终流向无人知晓，这种情况的产生很大程度上源于监管制度缺失。金融产品明显是未来监管的重点之一"。① 众多亟须新概念到股市圈钱的上市公司以及那些把金融提到战略高度的互联网公司，也将成为未来金融监管的重点对象。②

从现代金融监管的需求来看，很多场合需要包括"一行两会"在内的监管机构联合出手。在抽象行政行为领域，一些有权主体共同发布规范性文件，是一种司空见惯的管理方式，随着监管热潮的兴起，监管机构共同出台文件也成为一种典型的共同监管方式。2014 年 4 月金融监管领域的重头文件《关于规范金融机构同业业务的通知》，虽然文件编号是银发〔2014〕127 号，但其实是中国人民银行、中国银监会、中国证监会、中国保监会、国家外汇局共同发布的。而同年 8 月出台的银监发〔2014〕41 号文件，是关于印发《金融资产管理公司监管办法》的通知，也是中国银监会、财政部、中国人民银行、中国证监会、中国保监会联合发布的。这种共同制定的规范性文件，一般有相应的牵头单位，牵头单位的确定，实际上明确了监管领域的关键点所在，而其他共同

① 郭树清：《部分金融产品最终流向无人知晓》，http://biz. xinmin. cn/2017/03/03/30876809. html，最后访问日期：2017 年 3 月 4 日。
② 周天：《支付牌照买卖：扭曲的地下市场》，《看天下》2017 年第 5 期，第 50 页。

参与发布文件的单位，就反映了监管权横向配置的必要和需要。

前文提到的银发〔2014〕127号文件，其中第十七项内容明确规定，中国人民银行和各金融监管部门依照法定职责，全面加强对同业业务的监督检查，对业务结构复杂、风险管理能力与业务发展不相适应的金融机构加大现场检查和专项检查力度，对违规开展同业业务的金融机构依法进行处罚。而中国人民银行的网站中，还明确提出"人民银行、银监会、证监会、保监会和外汇局将加强协调配合，统一监管标准，依照法定职责，按照机构监管与功能监管相结合的原则，全面加强对金融机构同业业务的监督检查，严肃查处各种违法违规行为，促进金融业稳定健康发展"。这种原则性的监管权配置表述不甚清晰，但也表明了各监管部门配合的必要和工作重点。

而银监发〔2014〕41号文件，更类似部门规章，其中除了可以看到以中国银监会为主的监管模式外，也有些条文如上述银发〔2014〕127号文件所表达的原则性表述，"银监会与财政部、中国人民银行、中国证券监督管理委员会、中国保险监督管理委员会等监管机构和主管部门加强监管合作和信息共享，协调实现集团范围的全面、有效监管"，但还有一些具体的监管协调措施，如"银监会和财政部、人民银行、证监会、保监会等相关监管机构及主管部门建立健全集团监管信息共享平台，包括检查报告、风险评估报告、内外部处罚情况和日常监管情况等信息"，"为避免重复监管，银监会对集团附属金融法人机构的了解和评估，除了集团母公司提供的信息之外，主要依赖证监会、保监会等监管机构提供的信息"。在该文件中最典型的标志就是专门有"监管协调"一节，细致地规定了监管机构之间的协调。2018年，中国银监会与中国保监会合并为中国银保监会后，担任中国银保监会主席的郭树清同时担任中国人民银行党委书记与副行长，实际上表明了这种监管协调并不只存在于纸面上，而是存在于包括人事任免的多项环节之中，这也表明了这种监管体制实际上是"超级央行"与"双峰监管"的良性互补。①

（二）监管分流与科学用权

监管分流表明了业务的专业化趋势，而监管分权也在"魔高一尺"的基础上实现了自身的"道高一丈"，只有科学的分权，才能带来监管的高效。比如，中国的银行业一般都由中央直属的银监部门监管，只有小贷公司和互联网金融由地方金融办监管，这种职责的划分，只在客观上调动了地方的改革积极性，其实并没有带来科学的监管效率，互联网金融与小贷公司的不同之处在于，前者是全国性的、跨区域，后者则只局限于地方，从这一角度来评断，这种制度设计也存在不小的问题。② 2017 年，中国银监会所发的第 46 号文（即通常所说的"三套利"文件），其中金交所、金交中心、私募基金、地方资产管理公司（Asset Management Companies）、融资租赁公司、小贷公司等被列为非持牌金融机构，被禁止作为同业合作交易对手。2017 年 11 月 21 日，作为目前互联网金融行业最高级别的监管单位的互联网金融风险专项整治工作领导小组办公室（由中国人民银行金融市场司代章）下发《关于立即暂停批设网络小额贷款公司的通知》的"特急"整治函，网络小额贷款公司遭到彻底封杀，禁止网络小额贷款公司跨省开展

---

① 杨露：《银保监合并：监管改革的正本清源》，《南风窗》2018 年第 8 期，第 35 页。

② 谭保罗：《供给侧改革需要哪种"哪些经验"？》，《南风窗》2016 年第 3 期，第 37 页。

小额贷款业务。这种层层深入、科学用权的思路使得整个监管体系更为刚性而有效。

（三）市场准入与牌照审批

目前来看，在很多金融行业，准入的前提是获得相应的金融牌照，金融牌照是目前国家金融机构管理金融尤其是互联网金融的重要手段，这种手段本身相当于传统的行政许可，具有很强的资格专属性。随着时间的推移，金融牌照的新增成为十分困难甚至无法完成的任务，资源的稀缺性成为从事金融活动的较大障碍。比如，中国人民银行就明确规定不允许倒卖和租借支付牌照，只能通过控股持牌公司的方式来获取第三方支付牌照，美团就曾因开通所谓银行卡功能遭举报违反《非金融机构支付服务管理办法》，央行支付司则采取约谈的方式促其 3 个月整改，直至其"我的钱包"和"余额"不再具有支付业务。2017 年 4 月，美团充值功能被勒令下线调整，2017 年 11 月，美团购买、付款页面，银行卡支付功能仍没有下线，央行认为包括美团支付等很多平台公司都在违规开展网上支付业务，属于无证经营第三方支付业务，只要接到举报的都在这次整改、清理范围之内。[1] 而要想在 P2P 理财平台上做理财超市，就必须取得基金销售牌照和保险代理牌照或经纪牌照。[2] 2018 年被查处的中国华融资产管理股份有限公司董事长赖小民，就是依靠中国华融的金融全牌照优势与大型央企地位，

---

[1] 庄胜春：《美团支付遭举报因为无证经营遭到央行约谈并叫停》，http：//news.e23.cn/caijing/2017 – 11 – 14/2017B1400497.html，最后访问日期：2017 年 11 月 14 日。

[2] 周天：《支付牌照买卖：扭曲的地下市场》，《看天下》2017 年第 5 期，第 51 页。

进行疯狂的配股，通过设立大量有限的合伙企业，搭建结构化产品，以私募基金的形式参与企业的股权投资、类信贷业务。[①]

目前金融行业内所涉及的牌照分别对应不同的审批部门（见表 3 - 1），形成了这一领域金融监管权的独特配置格局。

表 3 - 1　国内主要金融牌照审批机关及条件一览

序号	牌照名称	审批机关	申请条件
1	民营银行牌照	中国银监会	1. 资本标准，明确为自有民营资金 2. 股东标准，明确为资本所有者应具有良好个人声望，没有关联交易的组织构造和不良记录 3. 银行标准，有设计良好的股权结构和公司治理结构、风控体系、信息科技架构等 4. 机制标准，明确为五有，包括有承担剩余风险的制度安排、有办好银行的资质条件和抗风险能力、有差异化的市场定位和特定战略等
2	第三方支付牌照	中国人民银行	1. 申请人拟在全国范围内从事支付业务的，其注册资本最低限额为 1 亿元人民币；拟在省（自治区、直辖市）范围内从事支付业务的，其注册资本最低限额为 3 千万元人民币 2. 在中华人民共和国境内依法设立的有限责任公司或股份有限公司且为非金融机构法人 3. 有符合本办法规定的出资人 4. 有 5 名以上熟悉支付业务的高级管理人员 5. 有符合要求的反洗钱措施 6. 有符合要求的支付业务设施 7. 有健全的组织机构、内部控制制度和风险管理措施 8. 有符合要求的营业场所和安全保障措施 9. 申请人及其高级管理人员最近 3 年内未因利用支付业务实施违法犯罪活动或为违法犯罪活动办理支付业务等受过处罚

---

① 张弛：《赖小民香江旧事》，《凤凰周刊》2019 年第 1 期，第 22 页。

续表

序号	牌照名称	审批机关	申请条件
3	消费金融牌照	中国银监会	1. 最近 1 年营业收入不低于 300 亿元人民币或等值的可自由兑换货币（合并会计报表口径） 2. 最近 1 年年末净资产不低于资产总额的 30%（合并会计报表口径） 3. 财务状况良好，最近 2 个会计年度连续盈利（合并会计报表口径） 4. 信誉良好，最近 2 年内无重大违法违规经营记录 5. 入股资金来源真实合法，不得以借贷资金入股，不得以他人委托资金入股 6. 承诺 5 年内不转让所持有的消费金融公司股权（银行业监督管理机构依法责令转让的除外），并在拟设公司章程中载明 7. 规定的其他审慎性条件
4	互联网保险牌照	中国保监会	1. 具有支持互联网保险业务运营的信息管理系统，实现与保险机构核心业务系统的无缝实时对接，并确保与保险机构内部其他应用系统的有效隔离，避免信息安全风险在保险机构内外部传递与蔓延 2. 具有完善的防火墙、入侵检测、数据加密以及灾难恢复等互联网信息安全管理体系 3. 具有互联网行业主管部门颁发的许可证或者在互联网行业主管部门完成网站备案，且网站接入地在中华人民共和国境内 4. 具有专门的互联网保险业务管理部门，并配备相应的专业人员 5. 具有健全的互联网保险业务管理制度和操作规程 6. 互联网保险业务销售人员应符合中国保监会有关规定 7. 中国保监会规定的其他条件
5	互联网基金及销售牌照	中国证监会	由基金销售机构自营平台进行互联网基金销售的情况商业银行、证券公司、期货公司、保险机构、证券投资咨询机构、独立基金销售机构以及中国证监会认定的其他具有注册基金销售业务资格的机构，同时具备电信主管部门颁发的网站许可（或备案手续），符合监管规定的可以从事互联网基金销售

续表

序号	牌照名称	审批机关	申请条件
5	互联网基金及销售牌照	中国证监会	由基金销售机构通过第三方电子商务平台代销 1. 基金销售机构的基金销售业务牌照 2. 第三方电子商务平台与基金销售机构在证监会的备案 由第三方电子商务平台自销基金 1. 第三方电子商务平台的电信主管部门网站许可证（或备案手续） 2. 第三方电子商务平台自身的基金销售业务牌照
6	互联网信托牌照	中国银监会	信托公司通过互联网开展业务的，要严格按照监管规定，加强风险管理，确保交易合法合规，保守客户信息，遵守合格投资者规定，审慎甄别客户身份和评估客户风险承受能力，不能将产品销售给风险承受能力不相匹配的客户。目前，中央尚未出台互联网信托业务的监管细则
7	互联网小额贷款牌照	省级政府金融办或相关机构	互联网企业自行申理小贷牌照。大型互联网企业如阿里、京东、唯品会、百度等已经取得面向全国经营的小额贷款许可。但目前仅广东、上海、北京等地金融办可以办理，申理条件较高、成本较大 互联网企业与已取得小贷牌照的公司合作，或采用在中央（或省级金融办）进行备案的形式监管 已取得小贷牌照且符合相关监管条件的公司自营网络平台，并取得监管部门的许可或备案
8	股权众筹牌照	中国证监会	目前股权众筹牌照是以"试点"的方式取得，已经拥有公募股权众筹试点资格的平台有：京东金融的"东家"、平安集团旗下的深圳前海普惠众筹交易股份有限公司，以及蚂蚁金服的蚂蚁达客（上海）股权众筹服务有限公司

续表

序号	牌照名称	审批机关	申请条件
9	互联网证券牌照	中国证监会	1. 券商与互联网公司联手，实现用户导流，助力线上经纪业务的展开。这其中就包括最早携手腾讯进行网上开户的国金证券、牵手网易的华泰证券等 2. 自主研发网上平台，这种方式多以大型国有券商为主。大型券商更加注重品牌形象的话语权，因此相比于牵手互联网企业，他们更愿意推出自有的互联网业务品牌和电子商城，如中金公司的"中金金网"等 3. 券商被互联网公司纳入麾下，成为互联网公司的金融排头兵。这种模式最具代表性的，就是大智慧收购湘财证券，成功实现行业转型
10	个人征信牌照	中国人民银行	1. 主要股东信誉良好，最近3年无重大违法违规记录 2. 注册资本不少于人民币5000万元 3. 有符合国务院征信业监督管理部门规定的保障信息安全的设施、设备和制度、措施 4. 拟任董事、监事和高级管理人员符合相应的任职条件 5. 国务院征信业监督管理部门规定的其他审慎性条件

从表 3－1 可以看出，除互联网小额贷款牌照是由省政府金融办或相关机构审批通过外，目前国内主要的金融牌照的审批权都集中在"一行三会"手中，这就使得未来的金融监管权的职能整合与归并更显必要。

二 金融监管权横向配置的细致划分

在传统领域，金融监管权的横向配置是较为清晰的，特别是2018 年党和国家机构进行改革之后，中国银监会和中国保监会被合并设置为中国银保监会，这种监管权的分类设置思路更加明显和细致。除此之外，其他特殊领域的金融监管权的横向配置大体涉及如下几个领域。

（一）金融基础设施的统筹监管

习近平总书记在"十三五"规划建议的说明中，提出金融分业监管体制的改革问题，提出统筹监管重要金融机构和金融控股公司，统筹监管重要金融基础设施，统筹负责金融业综合统计的"三统筹"思路。① 金融基础设施尤其包括外汇、支付清算、债券登记托管、股票登记托管等。其中，由中国人民银行负责的包括中国外汇交易中心（China Foreign Exchange Trading System）、清算总中心、中央国债登记结算有限公司、中国银联股份有限公司、银行间市场清算所（上海清算所）、城市商业银行资金清算中心、农信银资金清算中心及相应的中央结算对手和中央证券存管（Central Securities Deposit）、支付系统（Payment System）、票交所。由中国证监会负责的包括中国证券登记结算有限公司、郑州商品交易所、上海期货交易所、大连商品交易所和中国金融期货交易所及其运行的中央证券存管、证券结算系统（Security Settlement System）、中央结算对手（Central Counter Party）和交易数据库（Transactional Database）。

（二）互联网金融监管

互联网金融是传统金融机构与互联网企业利用互联网技术和信息通信技术实现资金融通、支付、投资和信息中介服务的新型金融业务模式。通过鼓励创新和加强监管相互支撑，促进互联网金融健康发展，更好地服务实体经济。根据 2015 年 7 月中国人民银行等十部门联合印发的《关于促进互联网金融健康发展的指导意见》，互联

---

① 本书编写组编著《〈中共中央关于制定国民经济和社会发展第十三个五年规划的建议〉辅导读本》，人民出版社，2015，第 77 ~ 78 页。

网金融监管应遵循"依法监管、适度监管、分类监管、协同监管、创新监管"的原则，科学合理地界定各业态的业务边界及准入条件。分业监管的思路仍然明显，中国人民银行负责互联网支付业务的监督管理；中国银监会负责包括个体网络借贷和网络小额贷款（P2P）在内的网络借贷以及互联网信托和互联网消费金融的监督管理；中国证监会负责股权众筹融资和互联网基金销售的监督管理；中国保监会负责互联网保险的监督管理。在未来的制度健全方面，互联网行业管理由工信部和国家互联网信息办公室负责，其中，工业和信息化部负责对互联网金融业务涉及的电信业务进行监管，国家互联网信息办公室负责对金融信息服务、互联网信息内容等业务进行监管，两部门按职责制定相关监管细则；中国人民银行会同金融监管部门按照职责分工实施客户资金第三方存管制度监管，并制定相关监管细则。中国人民银行、中国银监会、中国证监会、中国保监会会同有关行政执法部门，根据职责分工依法开展互联网金融领域消费者和投资者权益保护工作。中国人民银行、中国银监会、中国证监会、中国保监会、工业和信息化部、公安部、国家互联网信息办公室分别负责对相关从业机构的网络与信息安全保障进行监管，并制定相关监管细则和技术安全标准。中国人民银行牵头负责对从业机构履行反洗钱义务进行监管，并制定相关监管细则，打击互联网金融犯罪工作由公安部牵头负责。信息披露、风险提示和合格投资者制度由有关部门按照职责分工负责监管。

目前来看，对于一些新生的互联网金融形式，现有的制度规定无法有效应对，需要及时出台相应的制度规定，才能解决监管难题。以股权众筹为例，其法律地位相对模糊，现有制度也未限定股权众筹领投人的资质，股权众筹平台的管理标准和业务范围也相对缺位，而对投资者设定的门槛也相对过高。要解决上述问题，除了及时修改《中华人民共和国证券法》，将公募股权众筹等形式涵盖进来之外，还需要强化股权众筹平台的规范和管理，对投资者及其投资上限进行及时界定，从而解决这种新型的互联网金融所衍生的一系列问题，而这也是解决互联网金融难题的普适性思路。

（三）对影子银行的监管

2013 年，国务院制定并发布了第一份对影子银行进行监管的文件，即《国务院办公厅关于加强影子银行监管有关问题的通知》（国办发〔2013〕107 号），其通过对中国影子银行的类型进行列举来说明监管不足的问题：①不持有金融牌照，完全无监管的信用中介机构；②不持有金融牌照，存在监管不足的信用中介结构；③持有金融牌照，但是存在监管不足或规避监管（实际上就是监管套利）的业务。根据中国人民银行统计调查司的认定，其将中国影子银行分类为商业银行表外理财、证券公司集合理财、基金公司专户理财、证券投资基金、投连险中的投资账户、产业投资基金、创业投资基金、私募股权基金、企业年金、住房公积金、小额贷款公司、非银行系融资租赁公司、专业保理公司、金融控股公司、典当行、担保公司、票据公司、具有储值和预付机制的第三方支付公司、贫困村资金互助社、有组织的民间借贷等融资性机构，即非传统的金融机构从事的非传统的业务。因此，有必要明确赋予国务院金融稳定发展委员会协调监管的职责，旨在不改变分业监管的基本格局上发挥其统领作用，赋予国务院金融稳定发展委员会确立功能监管规则的职责，旨在填补"一行三会"对混业经营的监管缝隙问题。①

————————

① 朱慈蕴：《中国影子银行：兴起、本质、治理与监管创新》，《清华法学》2017年第 6 期。

根据《中共中央关于深化党和国家机构改革的决定》等文件要求和全国金融工作会议精神，商务部办公厅于 2018 年 5 月 8 日专门下发《关于融资租赁公司、商业保理公司和典当行管理职责调整有关事宜的通知》（商办流通函〔2018〕165 号），将制定融资租赁公司、商业保理公司、典当行业务经营和监管规则职责划给中国银行保险监督管理委员会。

第二节　金融监管权的纵向配置

从前文谈到的金融监管权的横向配置来看，实际上也涉及中央与地方金融监管权的划分问题。正如有学者所言，"当前我国金融监管权纵向配置存在模式失衡、内容失当、运行失范等问题，需要重新审视地方政府在金融监管体系中的作用，赋予地方政府适当的金融监管权，构建我国横向统合、纵向分权的监管模式，以实现金融监管权纵向分配的合法规制和有效监管的目标"。[①]

一　央地金融监管权配置的一般原则

从中央与地方金融监管权的配置来看，应该坚持的原则是，中央负责业务监管而地方侧重金融管理方面，中央与地方协力监管大型金融机构及其分支，地方集中精力监管地方金融机构和创新性金融机构，并建立对地方政府金融风险的预警机制和监管问责机制。[②]

[①]　段志国：《我国金融监管权的纵向配置：现状、问题与重构》，《金融理论与教学》2015 年第 3 期，第 6 页。

[②]　王文剑：《金融监管分权：一个无法绕开的话题》，《企业观察家》2014 年第 1 期，第 65 页。

(一) 中央金融监管权配置的要求

中央金融监管机构应该按照负面清单的管理要求，明确哪些是不允许做的，哪些是不能违反的规定，具体的业务创新和风险控制考核可以由地方金融监管机构来掌握。[①] 中央政府和地方政府分别扮演不同的角色，"中国的中央政府从来没有代表私人家族利益的传统"，"一些国企、地方政府则可能在利用股权融资的非刚兑性圈钱和套利"。[②] "合理划分中央和地方、权力机关和行政机关、各级政府和政府职能部门的管理责权，是新时期体制改革和政府职能转变过程中不能不认真面对的一个重大课题。"[③] 2015 年12 月，国务院常务会议审议通过了《关于进一步显著提高直接融资比重　优化金融结构的实施意见》。在国务院新闻办公室举办该文件的吹风会上，中国证监会副主席方星海专门提到，"今后的管理模式就是全国各地的股权交易市场要符合统一的监管标准，这个标准由证监会来制定，但是标准的执行、风险的防范以及区域性股权交易市场的日常管理都是在地方政府。形成一个行业标准制定在证监会，其他日常监管责任在地方省市区政府的模式"。[④] 怎样才能当好公有制财产的"看门人"？只能从上往下压，

---

① 戴国强：《金融改革不妨也列出"负面清单"》，《南风窗》2017 年第 6 期，第 69 页。

② 谭保罗：《证监会为何剑指"资本大鳄"?》，《南风窗》2017 年第 4 期，第 21 页。

③ 姜明安主编《行政法与行政诉讼法》（第六版），北京大学出版社，2015，第 232 页。

④ 方星海、霍达、胡凯红：《〈关于进一步显著提高直接融资比重　优化金融结构的实施意见〉有关情况（全文）》，http：//futures. hexun. com/2015 - 12 - 25/181425004. html，最后访问日期：2015 年 12 月 27 日。

直接从中央层面往下压。[①]

（二）地方金融监管权配置的要求

目前，地方金融监管的职责和框架差异性较大，地方金融监管分散于多个部门，不同地方的金融办具体职责也不尽相同（见表3-2），金融办的组织架构也不相同。[②]

表3-2　各地金融办的具体职责对比一览

	执行金融法律法规	协助金融监管	区域金融发展规划	统筹协调金融机构	统筹企业融资	监管金融国资	金融人才引进管理	地方小额信贷监管
北京	✓	✓	✓	✓	✓		✓	✓
广东	✓	✓	✓	✓	✓		✓	✓
上海	✓	✓	✓	✓	✓	✓	✓	✓
浙江	✓	✓	✓	✓	✓		✓	✓
辽宁	✓	✓	✓	✓	✓	✓		
四川	✓	✓	✓	✓	✓	✓		
甘肃	✓	✓	✓	✓	✓			
新疆	✓	✓	✓	✓	✓			
江苏	✓	✓	✓	✓	✓			
天津	✓	✓	✓	✓	✓			✓
重庆	✓	✓	✓	✓	✓			
陕西	✓	✓	✓	✓	✓			
山东	✓	✓	✓	✓	✓			✓
广西	✓	✓	✓	✓	✓			
宁夏	✓	✓	✓	✓	✓			✓

具体来说，地方政府金融办在地方市政重点工程、大型项目领域建设、国家专项政策领域、外贸进出口领域、中小微企业金

① 张弛：《前证监会官员谈金融反腐》，《凤凰周刊》2016年第6期，第44页。
② 周相东、郭建州：《关于健全地方金融监管体制机制的意见建议》，河南省编办2016年度重点研究课题论文集，2017，第28页。

融服务领域、证券领域和保险领域，都可以有相应的用武之地。[1]
以河南省为例，其金融监管的分权大体呈现如下格局（见表3-3）。

表3-3 河南省金融机构、准金融机构及非金融机构的管理权限

受监管对象	监管主体
典当行、融资租赁公司	由商务厅负责
小额贷款公司、融资性担保公司	政策由央行和中国银监会制定，具体操作由省政府金融办负责（2015年前是省工信委）
区域性股权市场、私募股权基金	由河南省银监局负责
金融类地方资产管理公司	由中国人民银行负责
工商类地方资产管理公司	由省工商局负责
非融资性担保公司、网络贷款公司	由各级政府金融办负责

从表3-3来看，各地金融办还是拥有一定的权限，有的甚至拥有监管金融国资的职能，一些地方还在省级金融办外加挂金融监管管理局的牌子，如山东省的地方金融监管，上级对下级可以进行业务指导和监督。2014年，宁夏回族自治区银川市组建金融工作局，除了将宁夏发改委的金融服务工作职能纳入之外，还与财政局、国资委实现联动，[2] 受其影响，2015年宁夏回族自治区的金融办也更名为金融工作局，其职能就包括"加强与中央金融监管部门、中央（或区外）驻宁银行、证券（期货）、保险等金融机构及其总部的联系协调工作等"。[3] 对于网络贷款，各地也是根据实践的发展，不断摸索，进而确定相应的监管主体与细化规则，

---

[1] 云韧：《经济新常态下地方政府金融办职能探索》，《武汉金融》2015年第7期，第66~67页。

[2] 赵福帅：《银川抢占改革先发优势》，《凤凰周刊》2016年第2期，第77页。

[3] 裴艳：《宁夏金融办更名为金融工作局 调整为自治区政府直属机构》，《新消息报》2015年11月28日。

2017 年 2 月以来，厦门、广东等地金融办纷纷出台相应的 P2P 备案细则，它们多是根据《网络借贷信息中介机构业务活动管理暂行办法》《网络借贷信息中介机构备案登记管理指引》等规定制定，其中后两者分别是由中国银行业监督管理委员会、工业和信息化部、公安部、国家互联网信息办公室和中国银监会办公厅、工业和信息化部办公厅、国家工商总局办公厅等来制定。《网络借贷信息中介机构业务活动管理暂行办法》界定了网络借贷（即个体和个体之间通过互联网平台实现的直接借贷），同时将地方金融监管部门界定为各省级人民政府承担地方金融监管职责的部门，而在《网络借贷信息中介机构备案登记管理指引》中将备案登记界定为"地方金融监管部门依申请对管辖内网络借贷信息中介机构的基本信息进行登记、公示并建立相关机构档案的行为"，并确定其"不构成对机构经营能力、合规程度、资信状况的认可和评价"。2017 年 5 月，河南省政府金融办也发布《关于印发〈河南省网络小额贷款公司监管指引（试行）〉的通知》，规定"各级政府金融办为本辖区网络小额贷款公司的监管部门"。从上述趋势来看，地方政府金融办已经逐渐被纳入国务院、央行统一协调的"大监管"口径。[①]

二　央地金融监管权力配置发展的新趋势

（一）监管统一与统筹安排

2017 年 5 月，全国金融工作会议强调了金融监管的统一，这

---

① 吴维海：《构建依法运作、协同监管的地方金融办运作机制》，《海南金融》2015 年第 8 期，第 61 页。

既有中央层面的统一，也有中央相对地方的统一，同时，特别强调地方政府的金融监管职责是"配合"和"风险处置"；也就是在整个金融监管的环节，地方政府不能干预，不能审批金融机构，但同时又负有属地责任。但是，这里需要注意的是，中央的宏观调控政策有时不能做出跨度过大的变化，甚至有时是截然相反的变化，因为这种变化会导致监管重心的变化，这在一定程度上易于使现实的或潜在的违法违规中介机构产生监管预期，从而规避监管，弱化了监管的有效性。[1]

在监管对象的安排上，也逐渐出现了较为统筹的思路。原上海金融办主任、现中国证监会副主席方星海曾建言，"涉及公众资金的金融机构如银行、证券、保险等，应由中央统一监管；私募性质的机构，可以考虑交由地方监管"。也有学者认为，由地方监管的最有可能的对象是小贷公司、担保公司、典当行、PE、VC、对冲基金。[2]

（二）监管手段配置的强化

以当前中国在放管服改革中经常提到的事前、事中、事后监管为例，可以说监管手段还是具有非常明显的多元性的。比如说，前文提到的互联网金融牌照的发放，就是一种典型的行政许可，也属于事前监管手段。但在目前的商事制度改革以及行政审批制度改革的过程中，事前监管的运用已经逐步被淡化，在《国务院

---

[1] 侯东德、薄萍萍：《证券服务机构 IPO 监督机制研究》，《现代法学》2016 年第 6 期，转引自《新华文摘》2017 年第 5 期，第 19 页。

[2] 《公报解读：中央和地方两级金融监管体系"上路"》，上海证券报官网，http://news.xinhuanet.com/fortune/2013 – 11/18/c_ 125717002.htm，最后访问日期：2017 年 2 月 27 日。

关于"先照后证"改革后加强事中事后监管的意见》（国发〔2015〕62号）中，国务院不仅提出"按照谁审批、谁监管，谁主管、谁监管的原则切实履行市场监管职责，加强'先照后证'改革后的事中事后监管，防止出现监管真空"，对于法律法规明确规定监管部门和监管职责的"先照后证"改革相关审批项目还进行了列举（见表3-4），其中涉及金融行业监管的共计19项（第145~163项）。2016年，中国证监会就提出要继续加大事中事后监管力度，做好现场检查工作，继续加强对从事证券服务业务审计、评估机构的监管，不断创新监管方式，推进监管转型，进一步提高资本市场会计信息质量。[1]

对于事中监管而言，主要指的是实际的监管措施，如责令改正、监管谈话、出具警示函、责令定期报告、停止职权职务、临时接管等，[2] 事后监管则主要是行政处罚，有时作为事后监管手段的行政处罚与作为事中监管手段的监管措施会存在交叉，甚至与作为事前监管的行政许可也存在一定的关联性。比如，取消任职资格是一种外部行政行为，而任职资格规定本身是一种行政许可，撤销任职资格必然是行政处罚。[3] 但监管手段不包括行政强制，行政强制法中明确规定，"行政机关采取金融业审慎监管措施"不适用行政强制法，而是"依照有关法律、行政法规的规定执行"。

---

[1] 王兆寰：《证监会重拳监管 宝盈基金等12家机构受罚》，《华夏时报》2016年4月16日。

[2] 张红：《证券行政法专论》，中国政法大学出版社，2017，第7~8页。

[3] 步超：《取消金融高管人员任职资格是行政处罚行为》，北大法律网·法学连线，http://article.chinalawinfo.com/ArticleHtml/Article_50412.shtml，最后访问日期：2017年3月22日。

表3-4 投资咨询类机构从事证券服务业务审批的"先照后证"改革一览

项目名称	审批部门	设定依据	监管部门	对未经审批从事经营活动的监管依据	备注
投资咨询机构、财务顾问机构、资信评级机构从事证券服务业务审批	中国证监会	《中华人民共和国证券法》第169条：投资咨询机构、财务顾问机构、资信评估机构、会计师事务所从事证券服务业务，必须经国务院证券监督管理部门批准；投资咨询机构、财务顾问机构、资信评级机构、会计师事务所从事证券服务业务的审批办法，由国务院证券监督管理机构和有关主管部门制定	证券监督管理机构	《中华人民共和国证券法》第226条：未经国务院证券监督管理机构批准，擅自设立证券登记结算机构的，由证券监督管理机构予以取缔，没收违法所得，并处以违法所得一倍以上五倍以下的罚款 投资咨询机构、财务顾问机构、资信评级机构、资产评估机构、会计师事务所擅自从事证券服务业务的，责令改正，没收违法所得，并处以违法所得一倍以上五倍以下的罚款 证券登记结算机构、证券服务机构违反本法规定或者证券服务业务规则的，由证券监督管理机构依法制定业务规则，监督管理机构责令改正，没收违法所得，并处以违法所得一倍以上五倍以下的罚款；没有违法所得或者违法所得不足10万元的，处以10万元以上30万元以下的罚款；情节严重的，责令关闭或者撤销证券服务业务许可	《国务院关于取消和调整一批行政审批项目等事项的决定》（国发〔2014〕50号）改为后置审批

　　对于中央派驻地方的监管机构而言，也开始逐渐习惯于通过各种不断强化的手段来实现对地方金融监管的局面控制，以求央地监管权力运行的合理协调。我们以 2017 年河南省地方银监局做出的行政处罚监管为例加以说明（见表 3 - 5）。

表 3 - 5　2017 年河南省地方银监局行政处罚监管一览

行政处罚决定书文号	被处罚当事人姓名或名称	主要违法违规事实（案由）	行政处罚决定	做出行政处罚决定的日期
平银监罚决字〔2017〕1 号	平顶山市市郊农村信用合作联社	违规开办资产管理类产品投资	对机构罚款 20 万元，责令机构对相关责任人员给予纪律处分	1 月 3 日
平银监罚决字〔2017〕3 号	庞金波	对平顶山市市郊联社违规开办资产管理类产品投资违法违规行为负管理责任	对个人罚款 5 万元	1 月 3 日
平银监罚决字〔2017〕4 号	郏县农村信用合作联社	违规开办资产管理类产品投资	对机构罚款 20 万元，责令机构对相关责任人员给予纪律处分	1 月 3 日
平银监罚决字〔2017〕5 号	王团锋	对郏县联社违规开办资产管理类产品投资违法违规行为负管理责任	对个人罚款 5 万元	1 月 3 日
平银监罚决字〔2017〕6 号	史克西	对郏县联社开办资产管理类产品投资违法违规行为负管理责任	对个人罚款 5 万元	1 月 3 日

续表

行政处罚决定书文号	被处罚当事人姓名或名称	主要违法违规事实（案由）	行政处罚决定	做出行政处罚决定的日期
周银监罚决字〔2017〕1号	沈丘县农村信用合作联社	存在违规办理同业业务、违规发放贷款、内部控制执行不严，存在操作风险隐患等严重违反审慎经营规则的违法违规行为	对机构罚款20万元	1月22日
周银监罚决字〔2017〕2号	王建华	担任沈丘县农村信用合作联社理事长期间，对该联社严重违反审慎经营规则的违法违规行为负领导责任	对个人给予警告并处罚款5万元	1月22日
周银监罚决字〔2017〕3号	西华县农村信用合作联社	存在违规办理同业业务，严重违反审慎经营规则的违法违规行为	对机构罚款20万元	1月22日
周银监罚决字〔2017〕4号	郸城县农村信用合作联社	存在信息科技风险管理严重违反审慎经营规则的违法违规行为	对机构罚款20万元	1月22日
周银监罚决字〔2017〕5号	杜加连	担任西华县农村信用合作联社理事长期间对该联社严重违反审慎经营规则的违法违规行为负领导责任	对个人给予取消任职资格3年的行政处罚	1月22日

行政处罚决定书文号	被处罚当事人姓名或名称	主要违法违规事实（案由）	行政处罚决定	做出行政处罚决定的日期
驻银监罚决字〔2017〕1号	农业银行驻马店分行	在同业业务中，账户类型选择及开户管理协议违法违规	罚款30万元人民币	2月6日
周银监罚决字〔2017〕6号	刘军旗	担任扶沟县农村信用合作联社理事长期间，对该联社严重违反审慎经营规则的违法违规行为负领导责任	对个人给予警告并处罚款5万元	1月22日
商银监罚字〔2017〕1号	王海峰	对中国工商银行商丘分行存在内控制度执行不到位，严重违反审慎经营规则的违法行为负有主要领导责任	给予警告，并处罚款人民币7万元	1月22日
周银监罚决字〔2017〕7号	扶沟县农村信用合作联社	存在违规办理同业业务、违规进行股金分红的严重违反审慎经营规则的违法违规行为	对机构罚款20万元	1月22日
驻银监罚决字〔2017〕2号	冀东霞	农发行驿城区支行副行长冀东霞对该行未按规定提供相关票据业务资料的违法违规行为负领导责任	给予警告，并处罚款5万元	2月6日

行政处罚决定书文号	被处罚当事人姓名或名称	主要违法违规事实（案由）	行政处罚决定	做出行政处罚决定的日期
周银监罚决字〔2017〕8 号	杨维忠	担任西华县农村信用合作联社主任期间对该联社严重违反审慎经营规则的违法违规行为负承办责任	对个人给予取消任职资格 3 年的行政处罚	1 月 22 日
商银监罚字〔2017〕2 号	中国农业银行商丘分行	内控执行不到位，严重违反审慎经营规则	罚款人民币 20 万元	2 月 3 日
驻银监罚决字〔2017〕3 号	汝南县农村信用合作联社	向四证不齐全的房地产公司发放贷款	罚款 20 万元	2 月 6 日
驻银监罚决字〔2017〕3 号	韩军锋	汝南联社主管信贷业务副主任韩军锋对该联社向四证不齐全房地产公司发放贷款的违法违规行为负领导责任	警告并处罚款 5 万元	2 月 6 日
驻银监罚决字〔2017〕4 号	刘林洲	平舆联社主任刘林洲对该联社单一客户贷款集中度超标的违法违规行为负领导责任	警告并处罚款 5 万元	2 月 6 日
驻银监罚决字〔2017〕5 号	刘文广	正阳农商行董事长刘文广对该行单一客户贷款集中度超标的违法违规行为负领导责任	给予警告，并处罚款 5 万元	2 月 6 日

续表

行政处罚决定书文号	被处罚当事人姓名或名称	主要违法违规事实（案由）	行政处罚决定	做出行政处罚决定的日期
驻银监罚决字〔2017〕6号	建行驻马店分行	违规要求地方政府提供担保，未严格执行受托支付程序	罚款30万元	2月28日
平银监罚决字〔2017〕7号	中国银行平顶山分行	以贷款资金转存保证金办理承兑汇票和无贸易背景证明材料支付信贷资金	对中行平顶山分行罚款20万元，责令其对相关责任人员给予纪律处分	3月6日
平银监罚决字〔2017〕8号	农发行平顶山市分行	违规向贷款客户收取融资顾问费	对农发行平顶山市分行罚款20万元	3月6日
平银监罚决字〔2017〕9号	平顶山卫东农村商业银行股份有限公司	违规开办资产管理类产品和非保本浮动收益型理财产品投资	对卫东农商行罚款20万元，责令其对相关责任人员给予纪律处分	3月6日
平银监罚决字〔2017〕10号	平顶山市新华区农村信用合作联社	违规开办资产管理类产品投资	对新华联社罚款20万元，并责令其对相关责任人员给予纪律处分	3月6日
平银监罚决字〔2017〕11号	宝丰豫丰村镇银行股份有限公司	违规向房地产行业及关联人发放贷款且贷款被挪用，向不具备担保资格的担保公司担保发放无效贷款，贷款分类不准确等	对宝丰豫丰村镇银行罚款20万元，责令其对相关责任人员给予纪律处分	3月6日

第四章　金融监管权的运行机制

目前，我国的金融监管体制总体来说仍是一元多头的金融监管体制，也就是金融监管权主要集中于中央政府，地方政府权力不独立，在中央层面的设置上，至少两家以上的金融监管机构开展监管。有学者认为，中央与地方金融权力配置历经多次变革，但仍然存在权力配置失衡、金融监管失灵等问题，利益竞争、金融功能财政化、民主性匮乏、法律规范缺失是其成因。[①] 因此，正确构建我国金融监管权的运行机制，实际上是保证合理配置金融监管权力之后的实施问题，事关重大。

第一节　金融监管权的决策机制

决策不等于政策，如果金融法内部全是由监管机构应时而定、变动不居的政策，那它就不配成为金融"法"。事实是，无论其如何变动巨大、如何特殊，金融监管机构及其金融政策都必须接受行政法基本原理、制度和程序的法律控制。[②]

一　金融监管权领域本身的决策

目前的主要问题在于，在决策环节，很多场合无法形成相应

---

① 董世坤：《中央与地方金融权力配置研究》，《经济法论丛》2014 年第 1 期，第 158 页。

② 白斌：《方枘圆凿：社科法学对法教义学的攻击》，《宪道》2016 年第 6 期，

的信息或数据闭环，因此，导致决策机构收不到足够的决策参考信息，而决策机构做出决策所依据的信息又不一定是科学决策本身所需要的。

（一）议事协调机构

1. 国务院金融稳定发展委员会

作为国务院统筹协调金融稳定和改革发展重大问题的议事协调机构，国务院金融稳定发展委员会是重大政策层面的最高权力机关。其主要职责是：落实党中央、国务院关于金融工作的决策部署；审议金融业改革发展重大规划；统筹金融改革发展与监管，协调货币政策与金融监管相关事项，统筹协调金融监管重大事项，协调金融政策与相关财政政策、产业政策等；分析研判国际、国内金融形势，做好国际金融风险应对，研究系统性金融风险防范处置和维护金融稳定重大政策；指导地方金融改革发展与监管，对金融管理部门和地方政府进行业务监督和履职问责等。2017 年 11 月，该机构召开了首次会议，强调要继续坚持稳中求进的工作总基调，坚持稳健货币政策，强化金融监管协调，提高统筹防范风险能力，更好地促进金融服务实体经济发展，更好地保障国家金融安全，更好地维护金融消费者合法权益。①

在金融改革助力去除产能过剩的过程中，金融监管部门应组织各类金融机构加强金融债权管理，依法打击、遏制逃废金融债务行为，同时要密切关注并积极化解产能过剩行业结构调整时的

① 韩昊辰：《国务院金融稳定发展委员会成立并召开第一次会议》，http://www.gov.cn/xinwen/2017－11/08/content_ 5238161. htm，最后访问日期：2018 年 2 月 8 日。

金融风险，扩大银行对不良贷款的自主核销权，支持银行开展不良贷款转让，加强疏导，稳妥有序地处置风险。[①]

2. 金融监管协调部际联席会议办公室

一般来说，部际联席会议的参与部门之间不具有上下级领导关系，由于这不是一个正式的权力形式，金融监管协调部际联席会议办公室由中国人民银行召集牵头，成员单位包括中国银监会、中国证监会、中国保监会、国家外汇局，必要时还可邀请国家发改委、财政部等有关部门参加。目前，该部际联席会议办公室的职责主要包括：货币政策与金融监管政策之间的协调；金融监管政策、法律法规之间的协调；维护金融稳定和防范化解区域性、系统性金融风险的协调；交叉性金融产品、跨市场金融创新的协调；金融信息共享和金融业综合统计体系的协调；国务院交办的其他事项。联席会议重点围绕金融监管开展工作，不改变现行金融监管体制，不替代、不削弱有关部门现行职责分工，不替代国务院决策，重大事项按程序报国务院。联席会议通过季度例会或临时会议等方式开展工作，落实国务院交办事项，联席会议建立简报制度，通过会议纪要等形式及时汇报、通报金融监管协调信息和工作进展情况。

3. 互联网金融风险专项整治工作领导小组办公室

根据《国务院办公厅关于印发互联网金融风险专项整治工作实施方案的通知》（国办发〔2016〕21号），互联网金融风险专项整治工作领导小组由中国人民银行的负责同志担任组长，有关部门的负责同志参加，总体推进整治工作，做好工作总结，汇总提

---

① 韩玉姝、张春华、李栋：《金融改革助力"去产能"》，《光明日报》2017年5月9日，第11版。

出长效机制建议。领导小组办公室设在中国人民银行，中国银监会、中国证监会、中国保监会、国家工商总局和住房城乡建设部等派员参与办公室日常工作。相应地，各有关部门、各省级人民政府应全面掌握牵头领域或本行政区域的互联网金融活动开展情况。在省级人民政府统一领导下，各金融管理部门省级派驻机构与省（自治区、直辖市）金融办（局）共同牵头负责本地区分领域整治工作，共同承担分领域整治任务。对于产品、业务交叉嵌套，需要综合全流程业务信息以认定业务本质属性的，相关部门应建立数据交换和业务实质认定机制，认定意见不一致的，由领导小组研究认定并提出整治意见，必要时组成联合小组进行整治。整治过程中相关牵头部门确有需要获取从业机构账户数据的，经过法定程序后给予必要的账户查询便利。

（二）中央常设类机构

1. 中国人民银行

在中国人民银行"三定方案"的十八项职责中，与决策有关的功能包括如下几点。（1）拟订金融业改革和发展战略规划，承担综合研究并协调解决金融运行中的重大问题、促进金融业协调健康发展的责任，参与评估重大金融并购活动对国家金融安全的影响并提出政策建议，促进金融业有序开放。（2）起草有关法律和行政法规草案，完善有关金融机构运行规则，发布与履行职责有关的命令和规章。（3）依法制定和执行货币政策；制定和实施宏观信贷指导政策。（4）完善金融宏观调控体系，负责防范、化解系统性金融风险，维护国家金融稳定与安全。（5）负责制定和实施人民币汇率政策，不断完善汇率形成机制，维护国际收支平衡，实施外汇管理，负责对国际金融市场的跟踪监测和风险预警，监测和管理跨境资本流动，持有、管理和经营国家外汇储备和黄金储备。（6）负责会同金融监管部门制定金融控股公司的监管规则和交叉性金融业务的标准、规范，负责金融控股公司和交叉性金融工具的监测。（7）制定和组织实施金融业综合统计制度，负责数据汇总和宏观经济分析与预测，统一编制全国金融统计数据、报表，并按国家有关规定予以公布。（8）组织制定金融业信息化发展规划，负责金融标准化的组织管理协调工作，指导金融业信息安全工作。（9）制定全国支付体系发展规划，统筹协调全国支付体系建设，会同有关部门制定支付结算规则，负责全国支付、清算系统的正常运行。其他的职责则体现了其监管的执行层面的职能，甚至是更具体的监管职能。

2. 监管委员会

对于"三会"而言，其与"一行"之间的角色区别明显，主要职能偏向于具体监管，决策职能相对较少。比如中国证监会负责研究和拟定证券期货市场的方针政策、发展规划；起草证券期货市场的有关法律、法规；制定证券期货市场的有关规章。中国银监会负责依照法律、行政法规制定并发布对银行业金融机构及其业务活动监督管理的规章、规则；依照法律、行政法规制定银行业金融机构的审慎经营规则。中国保监会负责拟订保险业发展的方针政策，制定行业发展战略和规划；起草保险业监管的法律、法规；制定业内规章。其他的职能均倾向于监管职能。2018 年 3 月，中国保监会发布资产负债管理监管制度总体框架，包括一个办法和五项监管规则，一个办法即《保险资产负债管理监管暂行办法》，五项监管规则主要包括财产险公司和人身险公司的能力评估规则与量化评估规则，以及资产负债管理报告规则，整套制度依据结果实施分类监管，构建业务监管、资金运用监管和偿付能力监管协调联动的长效机制。①

2018 年 3 月，中国证监会和中国保监会合并为中国银行保险监督管理委员会，2018 年 4 月 2 日，中国证监会、中国保监会会同国家发改委、工业和信息化部、财政部、农业农村部、中国人民银行、国家市场监督管理总局等融资性担保业务监管部际联席会议成员单位，制定了《融资担保业务经营许可证管理办法》、《融资担保责任余额计量办法》、《融资担保公司资产比例管理办法》和《银行业金融机构与融资担保公司业务合作指引》，对 2017 年 8 月国务院颁布的《融资担保公司监督管理条例》从许可经营、融资担保责任余额认定、融资担保公司资产划分及比例确定，以及银行业金融机构与融资担保合作注意事项等四个方面进一步细化。②

（三）地方常设类机构：金融办和金融监管局

金融办虽然在各地都有类似设置，但其名称略有不同，有些地方称为金融发展局、金融工作办公室、金融发展服务办公室、金融发展局等，但从其基本职责来看，都是代表地方政府负责金融监督、协调、服务的办事机构，其决策类的职权包括：贯彻执行党和国家有关银行、证券、期货、保险、信托等金融工作的方针政策和法律法规，以及地方党委、政府有关地方金融工作的政策和各项决定、决议等，督导、检查落实执行党委、政府有关金融工作的重要工作部署；研究分析宏观金融形势、国家金融政策和本地区金融运行情况，制定本地金融及金融产业发展的中短期规划和

---

① 吴敏：《保监会：资产负债管理监管规则即日起试运行　对 C、D 两类公司实施针对性监管》，《华夏时报》2018 年 3 月 1 日。

② 傅苏颖：《银保监会挂牌后首个文件出台剑指融资杠杆》，《证券日报》2018 年 4 月 10 日。

工作计划；负责本地区发展和利用资本市场重大事项，研究制定本地区资本市场的发展规划和有关政策措施；研究拟定本地区金融业发展总体规划。① 2018 年党和国家机构开展改革之后，各地纷纷从原来的金融办改为了金融监管局，机构职能方面也发生了一些具体的变化。

二 与金融监管权运行相关的决策

（一）全国人大及其常委会的相关决策

作为最高国家权力机关及其常设机构，全国人大及其常委会有时也会做出一些与金融监管有关的决策，这种决策事关国家的金融大政方针，有些甚至是有关财政的，比如，2015 年 8 月，全国人大常委会核准了地方债务的余额大约是 16 万亿元，其中 15.4 万亿元是 2014 年底以前的地方债务的存量，只有约 1 万亿元是全国人大或者常委会批准过的债券。②

（二）国务院的相关决策

2018 年 7 月，党中央和国务院共同出台了《关于完善国有金融资本管理的指导意见》，对国有金融资本的监管进行了全面系统的规定，在基本原则方面，强化国有产权的全流程监管，厘清金融监管部门、履行国有金融资本出资人职责的机构和国有金融机构的权责，以产权监管为手段，加强国有金融资本评估监管，加强金融机构和金融管理部门财政财务监管，完善中国人民银行独

---

① 参见百度百科"金融办"，https：//baike. baidu. com/item/金融办/9209303？fr = aladdin，最后访问日期：2018 年 3 月 3 日。

② 覃爱玲：《财政改革，棋到中盘》，《南风窗》2016 年第 7 期，第 24 页。

立财务预算制度和其他金融监管部门财务制度，各级财政部门依法对本级国有金融机构进行财务监管，按照市场监管与出资人职责相分离的原则，理顺国有金融机构管理体制。同时，各级财政部门、中央和国家机关有关部委以及地方政府不得干预金融监管部门依法监管。履行国有金融资本出资人职责的机构要与中国人民银行、金融监管部门加强沟通协调和信息共享，加强信息披露。建立统一的国有金融资本统计监测和报告制度，完整反映国有金融资本的总量、投向、布局、处置、收益等内容，编制政府资产负债表，报告国有金融机构改革、资产监管、风险控制、高级管理人员薪酬等情况。可以说，上述这些政策的出台，为更新监管模式和手段起到了非常重要的助推作用。

三 金融监管权决策的法治辅助

需要进一步做的首先在于完善地方金融法律法规体系。监管机构应着力保持金融市场的活力，打通各种融资渠道，优化配置社会资本，提高资本的收益率，同时降低资金供给双方的成本和风险。地方应力争在现有政策框架内，整合监管资源，提高监管能力，保证金融市场的自由、公平和公正，使新型金融组织的预期接近市场现实，减少机会主义行为。

第二节 金融监管权的执行机制

一 金融监管权的具体运作

各种权力在配置之外都需要精心细致的运作，这种运作需要针对权力本身的特点，考虑其法律效果和社会效果，同时取得相应的社会满意度。随着柔性行政和服务行政意识的兴起，更多的非强制性行政方式会进入金融监管的运作视野，而金融监管权本身也并不包含行政强制领域的措施。

(一) 窗口指导

窗口指导（window guidance）是一种非常明显的柔性行政方式。中国人民银行有时会运用"窗口指导"的方式，向金融机构解释说明相关政策意图，提出指导性意见，或者根据监管信息向金融机构提示风险。[①] 2017 年中国银监会对各地金融办就现金贷业务进行过"窗口指导"，要求严格准入，并提高了网络小贷的准入门槛，要求提高实缴资本、（在注册地）建立线下职场、要求股东有互联网背景等，同时还要求各地的相关互金和小贷协会重点排查网络现金贷的利率和服务费、放贷对象、催收方式、数据来源及放贷资质等。[②] 除此之外，中国银监会还采取控制资金流向、负面清单P2P、适当的持牌、准入、现金披露、第三方核查等方式来实现监管，而负面清单 P2P 的措施就交给地方政府来备案或执行。[③]

(二) 监管谈话

作为行政指导在现代社会中的一种重要表现形式，约谈有时会起到其他监管手段起不到的重要作用。关于约谈的性质，其实有多种版本，在有些行政部门的部门行政指导规范中，约谈被列

---

① http://wiki.mbalib.com/wiki/窗口指导，最后访问日期：2017 年 3 月 20 日。

② 冯玲玲：《监管靴子落地，现金贷一夜间变"烫手山芋"》，http://www.chinanews.com/fortune/2017/11 – 22/8383227.shtml，最后访问日期：2017 年 11 月 26 日。

③ 杨东：《针对当前现金贷行业的监管建议》，《财经界》2018 年第 1 期，第 82 页。

为行政指导的一种方式，而在有些行政执法监督机关的监督职权之中，如果发现行政执法机关的行政执法行为违法或不当等情形较多，可以约请该行政执法机关的相关负责人谈话，督促纠正。[①]因此，约谈的性质定位取决于其谈话内容，不一而足。一方面，监管谈话让被谈话对象心生压力；另一方面，监管主体通过约谈也向监管对象交了心、交了底，即如果再不按照监管要求从事相关业务，有可能受到相应的行政处罚，这在实际效果上就相当于较轻的行政处罚手段，只不过这种方式本身所造成的压力仍不及警告等轻型行政处罚手段。

（三）监管沙箱

监管沙箱（sandbox）是英国金融行为监管局（FCA）2015年11月首创的，[②] 2016年5月为金融科技公司测试创新产品提供该种监督管理机制和政策环境，使用监管沙箱的公司可以测试创新的金融产品服务而不需要担心因此带来的监管后果。[③] 该举措得到日本、新加坡、马来西亚、澳大利亚等国金融监管部门的认同，并不同程度地被采纳。[④] 从后期的制度对比上来看，英国的"监管沙箱"更加注重创新和消费者保护；澳大利亚"监管沙箱豁免"注重时间效率和风险控制；新加坡的"监管沙箱"则着力打造新加

---

① 应松年主编《行政法与行政诉讼法学》，高等教育出版社，2017，第341页。

② 徐琳：《RegTech的起源及动因分析》，http://www.sohu.com/a/145497435_774221，最后访问日期：2018年8月15日。

③ 徐文德、殷文哲：《英国金融行为监管局"监管沙箱"主要内容及对互联网金融的启示》，《金融监管》2016年第11期，第55页。

④ 叶文辉：《英国"监管沙箱"的运作机制及对我国互联网金融监管的启示》，《金融发展评论》2017年第4期，第48页。

坡的金融科技（Fintech）生态系统。① 具体来说，监管沙箱的应用领域和具体场合如表 4 - 1 所示。

表 4 - 1　监管沙箱应用领域与具体场合

序　号	应用领域	具体领域
1	支付清算领域	网络和移动支付、数字货币
2	融资领域	股权众筹、P2P 网络借贷
3	市场基础设施领域	大数据、云计算
4	投资管理领域	电子交易、机器人投资顾问
5	保险领域	保险分解和联合保险

资料来源：吴凌翔：《金融监管沙箱试验及其法律规制国际比较与启示》，《金融发展研究》2017 年第 10 期，第 45 页。

具体来说，监管沙箱的操作流程主要如下（见图 4 - 1）。

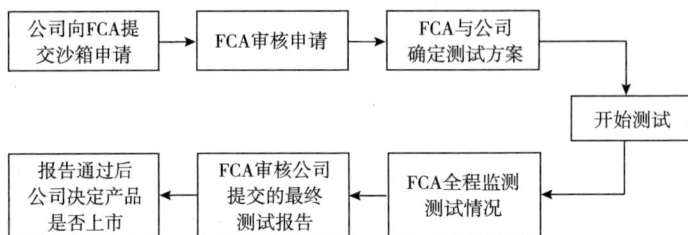

图 4 - 1　FCA 监管沙箱流程

正如有学者指出的，以中国版监管沙箱引入为契机，将目前国内"一行三会"各监管机构之间的协调机构地位和权力予以"实化"，由其负责监管沙箱的具体实施，同时适度借鉴监管沙箱的具体制度，如准入标准、运行程序、运行期限、客户数量限制、金额总额限制、消费者权益保护措施等。②

---

① 边卫红、单文：《Fintech 发展与"监管沙箱"——基于主要国家的比较分析》，《金融监管研究》2017 年第 7 期，第 89 ~ 93 页。

② 柴瑞娟：《监管沙箱的域外经验及其启示》，《法学》2017 年第 8 期，第 40 页。

二　强化监管保障

（一）提高监管人员素质

对于日新月异的金融市场而言，监管人员本身的业务素质乃至综合素质对整体的监管效果影响极大。因此，有必要培育能够应对金融市场新变化的金融人才，能够根据金融组织的特点制定适合金融市场发展的监管政策。掌握全球金融市场发展动态，交流金融管理经验，及时洞察全球风险因素对国内金融市场的影响，设计科学有效的应急处理方案，防止系统性风险发生。

（二）做好监管手段和信息保障

金融监管需要具体的执法手段和执法信息，只有在各相关方协调配合的情况下，才有可能把监管做到实处。在当前的监管环境下，任何一种技术手段的不完备或信息的不充分都有可能导致最终的监管不能达到预期效果，无法形成工作合力。这就需要做到手段统一、信息共享，以保证监管的全覆盖和穿透性。

第三节　金融监管权的协调机制

一　在监管对象上实现统筹协调

（一）金融外领域与金融领域监管的协调

金融领域的监管与金融外领域的监管应该形成一套相互配合的制度体系，以保证监管协调效应的产生。我国从发展房地产行业，到供给过剩从而转向其他行业，体育行业即为一例，广州恒大集团本来涉足房地产，后来先后经营足球、排球等行业。2015年广东恒大淘宝俱乐部营业收入超过 3.8 亿元，但亏损高达 9.53亿元，究其原因，就是缺乏监管，以日本为例，俱乐部的引援和薪资预算必须预先提交职业联盟审核。[①] 从恒大已经上市和目前进军金融领域的情况来看，这种监管不仅应该针对其本身的营业方面，更应该重点体现金融监管的特点。相比之下，恒大作为亚洲冠军和中国联赛冠军，其与国外知名俱乐部的收入竟然相差近 10 倍，这也是金融投资过火和"烧钱"的表现。

（二）对中资机构和外资机构监管的协调

2018 年 8 月，中国银保监会发布《中国银行保险监督管理委员会关于废止和修改部分规章的决定》，其中专门提到中外资适用统一监管规则的问题。如废止《境外金融机构投资入股中资金融机构管理办法》，遵循国民待遇原则，不对外资入股中资金融机构做单独规定，中外资适用统一的市场准入和行政许可办法；取消《中国银监会中资商业银行行政许可事项实施办法》、《中国银监会农村中小金融机构行政许可事项实施办法》和《中国银监会非银行金融机构行政许可事项实施办法》对外资入股中资银行和金融资产管理公司的股比限制；明确外资入股的中资银行的监管属性和法律适用问题，按照中外资同等对待的原则，明确境外金融机构投资入股中资商业银行和农村中小金融机构，按入股时该机构的机构类型实施监督管理，不因外资入股调整银行的机构类型；

---

① 参见马德兴《9.53 亿！足球角度看恒大 2015 年度报告全中超的一盆冷水》，《体坛周报》2016 年 4 月 21 日，第 A5 版；王勤伯《恒大双冠巨亏 9.53 亿莱斯特夺冠 0 奖金》，《体坛周报》2016 年 4 月 21 日，第 A5 版。

明确境外金融机构投资入股中资银行，除须符合相关的金融审慎监管规定外，还应遵守我国关于外国投资者在中国境内投资的外资基础性法律。[①] 这些措施表明，未来为推动形成全面开放新格局，推动扩大银行业开放，中外资的统一水准监管将成为常态。

在保险业方面，中国保险业也将提高外资持股比例上限，稳步扩大对外开放，2018 年 5 月《外资保险公司管理条例实施细则（征求意见稿）》中取消"外资保险公司设立前需开设两年代表处"的要求，并将外资在合资寿险公司中的持股比例提升至最高可达51%，这些措施推行的本身就建立在银保监行业的监管机构持续提升风险防范水平和监管能力的基础之上，[②] 需要不断优化外资机构监管规则。

（三）金融领域内部监管的协调

这种协调实际上是金融领域协同监管的重点，从实质上来看，这就是一种行政关系中的组织关系或对内行政法律关系，即行政系统内部不同机关之间的权力配置关系，这其中又可能涉及上下级行政机关之间、行政机关内部机构之间、法律法规授权的组织之间、委托行政机关与受委托组织之间的关系。[③] 其主要所指就是在国务院金融稳定发展委员会这一中国金融监管的最高权力机

---

① 中国银行保险监督管理委员会：《银保监会发布〈中国银行保险监督管理委员会关于废止和修改部分规章的决定〉》，http://www.cbrc.gov.cn/chinese/new-ShouDoc/1B951A0B52FE40B4A64E3EF695F03C22.html，最后访问日期：2018年8月24日。

② 江帆、陆敏：《银保监会加大对外开放力度　多项外资机构市场准入申请获批》，中国政府网，https://www.xjht.gov.cn/article/show.php? itemid = 274553，最后访问日期：2018年12月22日。

③ 应松年：《行政法与行政诉讼法学》，高等教育出版社，2017，第 27 ~ 28 页。

关领导下，发挥好"一行三会"的重点监管作用，同时联合更多的部门，搞好协调监管。中国银监会和中国保监会对通道业务也有着较为明确的定义，但一般针对某一类业务，而且出发角度不尽相同。

1. 中央层面的横向监管协调

长期以来，这个问题成为困扰我国金融监管模式发展的"大问题"，"一行三会"的模式形成之后，这一问题更显突出。当然，在此之前，正是因为存在相应的监管部门本身承担多种职能行使的任务，难以有效应对，因此，就在此目的上实现了所谓职能交割。比如，我国将银行监管职能从中国人民银行分离出来并成立中国银监会就是因为中国人民银行在制定货币政策和进行银行监管时存在角色冲突，但分离之后，问题再次出现，即中央银行虽然享有充分的货币政策信息，但对银行监管信息不能做到充分了解，而这些信息恰恰是中央银行货币政策有效传导和维护金融稳定的重要信息。[①] 而银行监管也绝不能单单被理解为货币政策和银行监管的分离，要综合中国人民银行的货币监管和中国银监会的机构监管之间的协调，可以通过建立大型数据库的方式实现信息共享和协调，[②] 尤其是大数据时代已经到来的情况下，这种协调实际上并非难事。因此，有必要建立统一的金融监管信息平台，包括所有金融机构的实时信息都应被及时纳入，具体来说，有用于宏观审慎监管的数据信息、用于微观审慎监管的机构经营信息以

---

① 周逢民：《中央与地方政府金融监管模式选择》，《金融发展评论》2012 年第 5 期，第 72 页。

② 黄德权、苏国强：《从金融分业监管向混业监管的新模式》，《经济导刊》2007 年第 6 期，第 35 页。

及用于市场行为监管的金融产品和服务信息。[①] 其实，如果要制定金融监管政策，必须考虑其与货币、财政、产业等政策的综合协调，这样才有利于从源头进行治理，控制系统性金融风险。同时，有必要在"各个监管机构之间设立信息交流制度和协调合作机制，并在这个基础上在全国范围内设立一个统一的金融信息中心，以推进支付清算系统的统一互联"。[②]

其实，这一问题不仅仅在国内存在，在其他国家的金融监管发展史上同样存在，早在金融危机爆发之前的 2005 年，美国在联邦和各州层级，总共有 115 个金融监管机构从事金融监管，而且国会当时还在考虑增设金融监管机构，每家监管机构都在颁布法规实施监管。[③] 监管机构的规模庞大与监管本身的绩效无法完全成正比，有时甚至成了反比。在我国当下，监管机构的多元化也呈现这样一种趋势，不再像过去那种"谁家的孩子谁抱走"简单的部门监管、单打独斗，在兼具保险、银行和证券等属性的混合产品（hybrid product）不断涌现的情况下，各家监管机构都从自身角度出发，通过不断增加新规或行为昭示来强化所谓自身监管之强度，刷出机构本身的"存在感"。在宝能系奇袭万科的案例中，我们就能清楚地看到，其资金包括保险资金、银行理财资金。其中的钜盛华作为关键的投融资平台，处于银行、证券、保险"三不管"地带，关联交易众多，因此，三家监管机构信息共享、高效协调就

---

① 袁开宇：《中国金融监管模式的选择》，《中国法律评论》2017 年第 2 期，第 197 页。

② 史炜、瞿亢、侯振博：《英国金融统一监管的经验以及对中国金融监管体制改革的建议》，《国际金融》2016 年第 7 期，第 9 页。

③ 罗培新：《美国金融监管的法律与政策困局之反思——兼及对我国金融监管之启示》，《中国法学》2009 年第 3 期，第 94 页。

显得尤为重要。①

　　在 2017 年 12 月 1 日至 2018 年 1 月 18 日短短的七周时间里，以"一行三会"为首的各类监管机构所采取的各项监管规定、行动、表态等多达 33 次，其中"一行三会"的各项监管新规（含联合发布的）多达 16 部（见表 4 - 2）。这种表态实际上具有很大的偶然性和随意性，往往是监管部门一开始就知道该怎么监管，但随着时间的推移以及其他相关部门的表态，监管部门便不知所措了，因此，这需要集思广益，集中各个部门、行业组织甚至整个社会的力量，厘清监管思路，而不只是简单的监视。

表 4 - 2　局部时段金融监管措施列示（2017 年 12 月 1 日至 2018 年 1 月 18 日）

近期监管形势不完全盘点 2017.12.01 ~ 2018.01.18	一、2017.12.02 中基协　领导讲话：不能搞名股实债或明基实贷
	二、2017.12.06 中国银监会　征求意见：强化流动性风险管理
	三、2017.12.08 中国银监会　监管行动：广发银行违规担保案重罚 7.22 亿
	四、2017.12.14 中国保监会　征求意见：加强和规范对险企董监高的管理
	五、2017.12.15 中国保监会　监管行动：撤销昆仑健康有关股权行政许可
	六、2017.12.22 中国银监会　新规发布：银监发〔2017〕55 号文规范银信类业务
	七、2017.12.25 中国银监会　监管讲话：信托业要讲政治识时务、去杠杆压通道
	八、2017.12.26 中国保监会　监管行动：加强对涉险资投资的股权基金投资机构及中介的合规性监管

①　杨露：《银保监合并：监管改革的正本清源》，《南风窗》2018 年第 8 期，第 33 ~ 34 页。

续表

近期监管形势不完全盘点 2017.12.01～2018.01.18	九、2017.12.28 中国银监会　征求意见：外资银行行政许可事项实施办法修订
	十、2017.12.29 中国保监会　新规发布：治理销售乱象，打击非法经营
	十一、2017.12.29 中国银监会　新规发布：银监发〔2017〕56 号文规范 AMC 资本管理
	十二、2017.12.29 中国银监会　监管行动：重罚广发银行违规担保案 13 家出资机构
	十三、2018.01.03 央行/中国银监会/中国证监会/中国保监会/新规发布：银发〔2017〕302 号文重拳规范债券代持
	十四、2018.01.03 央行　口径调整：同业存单纳入了同业负债 1/3 考核
	十五、2018.01.05 中国证监会　新规发布：证监办发〔2017〕89 号配合 302 号文规范债券交易
	十六、2018.01.05 中国保监会　新规发布：保监资金〔2017〕282 号文规范股权投资计划
	十七、2018.01.05 中国银监会　征求意见：大额风险暴露监管要求拟引导银行弱化对同业业务的依赖
	十八、2018.01.05 中国银监会　新规发布：银监会 2018 年 1 号令规范商业银行股权管理
	十九、2018.01.06 中国银监会　新规发布：银监发〔2018〕2 号文禁止放贷资质机构、资管发放委贷
	二十、2018.01.11 上海证监局　窗口指导：禁止合资管参与贷款类业务
	二十一、2018.01.12 中国银监会　窗口指导（传）：信托结构化证券业务受指导
	二十二、2018.01.12 中国银监会　新规发布：银监发〔2018〕3 号文开展投资管理型村镇银行试点
	二十三、2018.01.12 黑龙江银监局　监管行动：重罚违规销售对公理财的工行黑龙江省分行

续表

近期监管形势 不完全盘点 2017.12.01 ~ 2018.01.18	二十四、2018.01.12 上交所/深交所/中证协　新规发布：规范股票质押式回购交易
	二十五、2018.01.12 中国证监会　监管口径：存在高杠杆和多层嵌套的"三类股东"应整改
	二十六、2018.01.12 中基协　新规发布：2 月 12 日起不再办理涉及借贷活动产品的备案
	二十七、2018.01.13 中国银监会　新规发布：银行业治乱象 2018 升级版拉开帷幕
	二十八、2018.01.15 央行/中国银监会/中国证监会/中国保监会/新规发布：打好精准脱贫攻坚战
	二十九、2018.01.16 中国银监会　新规发布：建立健全衍生产品风险治理
	三十、2018.01.16 中国保监会　监管行动：撤销存在代持股份现象公司的增资许可
	三十一、2018.01.17 中国保监会　新规发布：保险业防范化解重大风险攻坚战开打
	三十二、2018.01.18 中国保监会　新规发布：加强险资管理，支持防范化解地方政府债务风险
	三十三、2018.01.18 中国银监会　监管行动：调研城商行异地非持牌机构情况，治乱象、严监管

2017 年 2 月 21 日，央行牵头制定的《关于规范金融机构资产管理业务的指导意见》，预告着大资管统一监管的时代即将到来，"一行三会"一直在紧锣密鼓地从事资管业务整体监管框架的统一设计。① 准确的表述应该是，以协同为基础的统一监管模式更具优势，其内容包括：监管目标统一化、明确相关职责、对口开展国际

---

① 俞燕、袁满：《保险监管亮剑》，《财经》2017 年第 5 期，第 29 页。

金融合作、监管协同制度化、金融监管联合行动制度化、监管措
施信息化。① 2017 年 4 月 26 日，财政部、国家发改委、司法部、
中国人民银行、银监会、证监会联合下发《关于进一步规范地方
政府举债融资行为的通知》，其中明确指出"开展跨部门联合监
管，建立财政、发展改革、司法行政机关、人民银行、银监、证监
等部门以及注册会计师协会、资产评估协会、律师协会等行业自
律组织参加的监管机制，对地方政府及其所属部门、融资平台公
司、金融机构、中介机构、法律服务机构等的违法违规行为加强
跨部门联合惩戒，形成监管合力"。不光对地方政府及其所属部
门、融资平台公司的违法违规融资进行处罚，还要对金融机构、
中介机构、法律服务机构等联合惩戒，提高了各个参与主体的违
规成本。② 除了确立中国人民银行的总体监管者的地位外，监管协
调机制还应该包括金融监管部门与国资委、国家发改委、审计署、
公安部、纪检监察等部门之间的协调；③ 在地方层面，建立地方政
府与金融监管部门协同监管机制。加快构建部门联动、综合监控、
分级管理的金融风险防范处置工作体系。

2018 年初，"一行三会"的年度工作会议相继召开，围绕中共
十九大提出的任务，央行首次在年度工作会议上公开明确"健全
货币政策与宏观审慎政策双支柱调控框架"，加强影子银行、房地

---

① 袁开宇：《"一行三会"要合并？中国金融监管改革探析》，《中国法律评论》
　2017 年第 2 期。

② 李奇霖、张德礼：《逐字逐句解读六部委〈关于进一步规范地方政府举债融资
　行为的通知〉》，http：//finance. cjn. cn/esyw/201705/t3004938. htm，最后访问
　日期：2017 年 5 月 4 日。

③ 张金艳：《论我国金融监管协调机制的完善》，《浙江金融》2009 年第 7 期，
　第 31 页。

产金融等的宏观审慎管理，建立完善互联网金融监管和风险防范长效机制，目的还是防范、化解重大金融风险。中国证监会则表态要坚决打好防范、化解资本市场重大风险攻坚战，加强股市、债市、期货市场风险监测和应对能力建设，坚决守住不发生系统性风险的底线。这些表述也是十九大报告中的相关表述。中国银监会则要清理规范金融控股集团，加快推动出台金融控股公司监管办法。有序处置高风险机构，实行名单制管理，制定并有效实施风险压降规划和应急预案。严厉打击非法金融活动，尽快推动出台处置非法集资的条例。这也是通过法律机制强化监管的表现。中国保监会提到要重塑保险业形象，首先就要重塑监管，坚决打击违法违规行为和市场乱象，形成高压震慑，还专门提到将在国务院金融稳定发展委员会的统一部署下，积极配合中国人民银行履行好宏观审慎管理职责，强化与中国银监会、中国证监会等部门的审慎监管协调，落实统筹监管、信息互通、标准统一的要求，切实防控跨市场、跨行业、跨领域的交叉性金融风险。[①] 2018 年 2月，中国人民银行开出首张征信牌照，百行征信有限公司的个人征信业务获得央行许可，这实际上也是协调各方的网络征信系统的信息联盟，是对银行征信系统进行有益补充和完善。个人征信业务服务对象为从事互联网金融个人借贷业务的机构，另外还包括传统金融机构、金融监管相关部门及个人信息主体等，这有助于解决互联网金融领域一直难以解决的信息分割问题，增加征信真实性且有效供给，而因信息孤岛造成的"多头借贷"局面会被

---

① 《一行三会勾勒金融任务图　多个"首次提出"引关注》，新华网，http：//www.xinhuanet.com/finance/2018－02/14/c_129807786_4.htm，最后访问日期：2018 年 2 月 24 日。

打破。

目前来看，以互联网金融为例，从条块结合的监管体制来看，有如下表现（见表4-3）。

表4-3　《互联网金融风险专项整治工作实施方案》组织协调机制

序号	监管部门	主要职责
1	国家工商总局会同金融管理部门	互联网金融广告的专项整治工作，共同开展以投资理财名义从事金融活动的专项整治
2	工业和信息化部	加强对互联网金融从业机构网络安全防护、用户信息和数据保护的监管力度，对经相关部门认定存在违法违规行为的互联网金融网站和移动应用程序依法予以处置，做好专项整治的技术支持工作
3	住房和城乡建设部与金融管理部门	共同对房地产开发企业和房地产中介机构利用互联网从事金融业务或与互联网平台合作开展金融业务的情况进行清理整顿
4	中央宣传部、国家互联网信息办公室	牵头负责互联网金融新闻宣传和舆论引导工作
5	公安部	指导地方公安机关对专项整治工作中发现的涉嫌非法集资、非法证券期货活动等犯罪行为依法查处，强化防逃、控赃、追赃、挽损工作；指导、监督、检查互联网金融从业机构落实等级保护工作，监督指导互联网金融网站依法落实网络和信息安全管理制度、措施，严厉打击侵犯用户个人信息安全的违法犯罪活动；指导地方公安机关在地方党委、政府的领导下，会同相关部门共同做好群体性事件的预防和处置工作，维护社会稳定
6	中央维稳办、最高人民法院、最高人民检察院	配合做好相关工作
7	中国互联网金融协会	要发挥行业自律作用，健全自律规则，实施必要的自律惩戒，建立举报制度，做好风险预警

从上面的表格可以看出，各个监管环节的设置与国家的金融大势以及相应的金融政策有很明确的联系。为了实现有序去杠杆的目标，2017 年 5 月中旬以来，各部门之间在金融监管政策之外加强监管协调，央行对流动性骤然收紧的警惕和迅速应对，对 MLF（中期借贷便利，Medium - term Lending Facility）投放的提前预告和前瞻指引，中国证监会则完善减持新规，中国银监会在媒体通气场合的安抚表现，都表明监管协调有所改进。① 在坐实金融稳定发展委员会的前提下，由部级水平协调转化为由国务院金融稳定发展委员会统筹的上下协调的金融监管协调机制，包括由原有的分业监管转化为统一的功能监管、统筹交叉金融产品监管等。②

新的金融监管机构改革，是一场自上而下的协调与统筹，拉开这个序幕的，是举世瞩目的"宝万之争"。③ 就宝能系的资金来说，其涉及银行、保险以及证券基金等领域，如果没有三大监管部门的联动，几乎不可能查清楚其来源。④ 在新一轮的国家机构调整之后，监管协调的思路显得愈发明显，2018 年 4 月，中国人民银行、中国银行保险监督管理委员会、中国证券监督管理委员会、国家外汇管理局四部门正式联合发布《关于规范金融机构资产管理业务的指导意见》（银发〔2018〕106 号，以下简称《意

---

① 高善文：《有序去杠杆须加强监管协调》，《财新周刊》2017 年第 24 期，第 8 页。

② 王晓：《防范系统性金融风险大咖会诊：需加强监管统筹设专门部门监测》，《21 世纪经济报道》2018 年 4 月 13 日，第 10 版。

③ 刘志一：《"宝万之争"：观察大政经周期的绝佳窗口》，《南风窗》2018 年第 11 期，第 104 页。

④ 朱开云：《"宝万之争"带来了哪些金融监管方面的新难题？》，《北京青年报》2015 年 12 月 27 日。

见》），在规范金融机构资产管理业务方面专门提到，要"坚持宏观审慎管理与微观审慎监管相结合、机构监管与功能监管相结合的监管理念"，并在《意见》的正文中对各种监管原则进行了解释（见表4-4）。

表4-4 《关于规范金融机构资产管理业务的指导意见》的监管原则解读

	监管原则	监管原则的具体举措与解读
1	机构监管与功能监管相结合	按照产品类型而不是机构类型实施功能监管，同一类型的资产管理产品适用同一监管标准，减少监管真空和套利
2	实行穿透式监管①	对于多层嵌套资产管理产品，向上识别产品的最终投资者，向下识别产品的底层资产（公募证券投资基金除外）
3	强化宏观审慎管理	建立资产管理业务的宏观审慎政策框架，完善政策工具，从宏观、逆周期、跨市场的角度加强监测、评估和调节
4	实现实时监管	对资产管理产品的发行销售、投资、兑付等各环节进行全面动态监管，建立综合统计制度

在具体操作层面，中国人民银行负责对资产管理业务实施宏

---

① 所谓穿透式监管，实际上指的是"透过表面判定业务本质属性、监管职责和应遵循的行为规则与监管要求"，"根据业务实质明确责任""认定业务属性"，"执行相应的监管规定"。比如，在投资的市场准入方面，要穿透审查投资者是否属于合格投资者，同时，对股东资质进行穿透审查。当下制度中的穿透式监管，主要用"实质大于/重于形式"，以向上（股东和投资者）、向下（产品）穿透的方式，去扩大审核资质（如股东、实际控制人、投资者等）、资金流向、资金来源等指标是否满足金融监管的要求。涉及业务认定、信息披露、权益的持有、资质认定、关系认定、资金来源与去向等行为。邓峰：《"穿透式"监管应慎用》，参见《财经年刊（2018：预测与战略）》，转引自http://www.sohu.com/a/216351949_803365，最后访问日期：2018年7月31日。

观审慎管理，会同金融监督管理部门制定资产管理业务的标准规制，而金融监督管理部门实施资产管理业务的市场准入和日常监管，依照本意见会同中国人民银行制定出台各自监管领域的实施细则。当然，在强调监管的同时，还要继续贯彻中央的"放宽市场准入"的精神，以中国银保监会为代表的监管机构也将在持续提升风险防范水平和监管能力的基础上稳步扩大对外开放，开启金融业对外开放新篇章。

2. 央地之间的金融监管协调

金融监管领域内部的监管协调不仅包括横向协调，当然也包括纵向的监管协调。一般来说，中央监管部门负责制定统一的监管规则，对地方金融管理统一监管指导，实现有效监督，地方可以设立或完善相应的地方金融监管机构，赋予其与风险防范处置责任相匹配的独立监管权，[①] 而这可以原有的地方金融办为依托。中央金融监管机关的分支机构，通过对金融机构经营数据的统计分析和提供支付结算等服务，掌握了金融机构经营状况。地方金融管理机构对地方经济和金融数据了解充分，但是目前，中央还未立法规定双方的金融数据信息交换机制。[②] 在一些领域，这种协调机制已经在发挥实际作用，比如，2017 年 11 月 21 日，国家互联网金融专项整治工作领导小组办公室下发《关于立即暂停批设网络小额贷款公司的通知》，要求各省、自治区、直辖市的小额贷款公司监管部门一律不得新批设网络小额贷款公司，禁止新增小额贷款公司跨省开展小额贷款活动。这种要求实际上是国家互联网金融风

---

① 王刚：《后危机时代金融监管的"中国策"》，《瞭望》2017 年第 52 期，第 45 页。

② 中国人民银行九江市中心支行课题组：《立法规范地方政府金融管理职责的思考》，《武汉金融》2013 年第 4 期，第 66 页。

险专项整治工作领导小组对各省的互联网风险专项整治工作领导小组办公室下发的通知，由于中央级的该机构办公室设在中国人民银行，因此文件由中国人民银行金融市场司代章，这条路径实际上是通过各地金融办来具体执行的，因为地方的整治办通常由金融办主任担任办公室主任，而地方整治办的组成部门涉及宣传部、信访局、法院、检察院、发改委、经信委、公安局、维稳办、国资办、房管局、商务局、法制办、市场监督管理局、金融办、中国人民银行、保险证券担保协会，地方层面的部门协调能力非常强。

　　尽管担保、融资租赁、小贷等监管职能已经交给地方，但以网络借贷为例，作为一项高度复杂的网络化、传播速度极快的业态，地方金融办是否有能力监管到扩散至全国甚至更广的网络借贷，中央和地方如何进行更有效的协调配合仍须明确。[①] 有学者专门对此做过调查，凡是设立相应金融服务机构的省份，其金融监管与地方政府部门的协调就相对容易，"可以有效提高政府内部处理金融事务的协调效率，有效提高地方政府与金融监管部门、金融机构在金融支持经济发展、化解金融风险、构建社会信用体系等方面的协调合作力度"。[②] "国务院应尽快制定行政法规，以地方经济发展和区域金融稳定为平衡点，明确中央与地方金融监管权限，明确地方政府在金融管理职责中的主要内容，依法构建中央金融管理机关同地方政府之间金融监管协调机制。"[③] 这里需要剥

---

① 王晓：《防范系统性金融风险大咖会诊：需加强监管统筹设专门部门监测》，《21 世纪经济报道》2018 年 4 月 13 日，第 10 版。

② 中国人民银行西安分行金融研究处：《对部分省（市、区）设立金融服务办公室的调查与思考》，《西安金融》2006 年第 11 期，第 23~24 页。

③ 潘宏晶、吕庆明：《地方政府金融办职能定位问题研究》，《西部金融》2014 年第 1 期，第 51 页。

离地方金融办公室相应的融资以及金融资产监管职能，使其成为真正意义上的金融监管机构，其监管的对象主要是具有融资功能的地方非金融机构，[①] 具有较强的中立性，避免各种利益牵绊与瓜葛。但随着监管能力和条件的成熟，这种监管范围应该进一步扩大，包括区域性、非系统重要性的各类业态法人金融机构、有关金融组织及市场。包括地方性中小法人金融机构、融资性非金融机构、地方性金融交易场所及民间借贷等，而权益类直接融资机构和市场应成为监管的重中之重。[②] 2018 年 3 月，在我国进行的第七轮党和国家机构改革的方案中，地方政府的金融办被要求加挂"地方金融监管局"的牌子，主要职责就是切实履行中央交由地方负责的各类金融机构，如小额贷款公司、融资性担保公司、交易场所等的监管和风险处置职责。[③]

但从各地实际的情况看，金融工作办公室或金融服务办公室的作用发挥仍然十分有限。以河南省为例，省内 18 个省辖市，其中只有 4 个地市（洛阳、濮阳、驻马店、鹤壁）的金融工作办公室的网站可以正常打开，像地方金融监管这类工作，需要及时向社会公布一些信息，力求信息共享，以便警示一些伺机在金融市场违法的金融机构或相对人，同时，也是相互交流经验，及时把控本省范围内监管趋势的一条重要线索渠道，但遗憾的是有些地方的网站基本打不开，到了县一级金融工作办公室，网站无法打开就成为更正常的现象。在能够打开的四个地级市政府金融工作办公室的网站上，其相应的栏目如表 4 - 5 所示。

---

① 潘海燕：《对地方政府金融办职能演变及改革发展的调查与思考——以安庆市为例》，《财经界》（学术版）2014 年第 11 期，第 16 页。

② 杨子强：《完善地方金融监管体制》，《中国金融》2014 年第 5 期，第 73 页。

③ 张弛：《国务院机构改革方案解析》，《凤凰周刊》2018 年第 10 期，第 32 页。

表 4 – 5　河南部分地市金融工作办公室网站内容一览

序号	地　市	相关业务信息
1	洛　阳	单位职责、首问负责、服务承诺、金融动态之企业资金需求、金融创新、政策法规、互动交流
2	鹤　壁	政务公开（含单位职能）、工作动态、金融机构、上市企业
3	驻马店	单位职责、机构设置、金融机构、政策法规、银企互动、金融管理、信用信息、上市企业
4	濮　阳	单位职责、机构设置、银企互动、金融信息、金融超市、上市企业、金融信用信息、从业资质、政策法规

　　虽然都设有相应的栏目，但从具体的内容来看，水平不一，上述四个地市中，网站建设质量比较好或内容比较直接实用的是洛阳和濮阳，相比之下，虽然有些地市的网站栏目的名称一样，但由于各地政务公开或服务意识不同，所以实际公布的内容区别很大，比如濮阳市的银企对接下设企业贷款申请、银企对接、政府推荐项目发布，驻马店的银企对接则只有简单的银企对接，而鹤壁的银企对接栏目则只有一个企业贷款申请表，实际上已经失去了该栏目本身应有的价值和意义；从洛阳的服务承诺栏目来看，有相应的部门具体承诺，濮阳的该栏目则为空白；从互动交流栏目的情况来看，普遍比较空白。从具体的功能发挥来看，政府金融工作办公室网站的作用应为公开相应的监管对象的信息，使公众能够在第一时间方便、准确地获取，另外，将监管案例和信息及时公布于网站相应的显著位置，使监管对象能够及时知晓。比如，以 P2P 为例，对于地方金融监管部门而言，对管辖范围内网络借贷信息中介机构的基本信息进行登记、公示并建立相关机构档案，而在此之前，需要经过多方数据对比、网上核验、实体认证、现场勘查、高管约谈进行审核，在文件材料齐备、形式合规的

情况下向 P2P 网络贷款平台出示备案登记证明文件。① 随着现代互联网金融的发展，监管方式也需要不断升级，比如一些大型网商推荐的 P2P 产品出现跑路或所谓"爆雷"，到 2018 年 6 月，出问题的 P2P 平台数量增加到 80 家；2018 年 7 月的问题平台已突破100 家。② 以 2018 年 7 月小米的 P2P 推广出现的问题为例，一些P2P 平台不仅在小米应用商店做置顶广告或其他形式展示，而且直接嵌入小米 VIP 每日任务，用投资即可返产品、返现等方式吸引"米粉"来完成。虽然小米金融涉及供应链融资、互联网小额贷款、支付、理财产品分销、互联网保险等业务，相关牌照比较齐全，其作为广告渠道，在法律上应该承担的广告发布者的责任并未得到承担，即其没有履行对广告主的资质、能力以及广告内容的真实性进行形式审查的义务。③

随着社会经济的发展，各种原来未曾有过的金融产品相继进入市场，所以，这本身就要求金融监管具有相应的开放性。如在期货市场中，原油期货等产品就相应产生，而在网络经济中，P2P网络信贷也应运而生，产生了制度监管的需要。对于这种新形式金融的监管，2015 年 12 月，中国银监会发布了《网络借贷信息中介机构业务活动管理暂行办法（征求意见稿）》，其中按照党中央和国务院、央行等十部委发布的《关于促进互联网金融健康发展的指导意见》提出的"依法监管、适度监管、分类监管、协同监

---

① 曹蓓：《网贷机构备案登记期限将至十年　P2P 的最后一公里》，《凤凰周刊》2018 年第 10 期，第 78~80 页。

② 《证监会深夜发布退市新规，剑指何人？》，http：//finance. ifeng. com/a/20180729/16412530_ 0. shtml，最后访问日期：2018 年 7 月 29 日。

③ 《忠实米粉竟成 P2P 爆雷受害者，小米并不是一个旁观者》，http：//www. sohu. com/a/243194325_ 486088，最后访问日期：2018 年 7 月 25 日。

管、创新监管"的原则及中央和地方金融监管职责分工的有关规定，明确了中国银监会作为中央金融监管部门负责制度监管，制定统一的业务规则和监管规则，督促指导地方政府金融监管工作，加强风险监测和提示，推进行业基础设施建设，指导网贷协会等。而地方金融监管部门负责辖内网贷机构的备案管理、规范引导、风险防范和处置工作等。[①] 集资诈骗成为典型的 P2P 平台最高发的刑事案件之一。由于触犯该罪同时侵犯金融秩序与财产权利两大法益，故其严重的社会危害性亟待司法部门予以规制，进而保护投资者利益。[②] 2018 年，全国 P2P 网络借贷风险专项整治工作领导小组办公室指导制定了《网贷行业备案验收细则》（即"187 标准"）拟推出，同时下发的还有涉及 108 条的《P2P 合规检查问题清单》。[③] 这说明，中央对 P2P 的监管与地方金融监管势必形成协调共管的趋势，这种合力也将促成一些优良 P2P 的产生。"P2P 平台可以经由信用中介或者信息中介的类型化分流与非法集资划清界限。对转型过程中的强烈阵痛应有清醒认识，中央监管当局须保持定力，而地方金融部门要负起监管实责，才能遏制行业性、区域性风险隐患进一步积聚恶化。"[④]

---

① 中国银行业监督管理委员会：《银监会关于〈网络借贷信息中介机构业务活动管理暂行办法（征求意见稿）〉公开征求意见的通知》，http：//www.gov.cn/xinwen/2015－12/28/content_5028564.htm？from=androidqq，最后访问日期：2017 年 12 月 29 日。

② 袁一绮、张旭东：《P2P 网贷中集资诈骗罪的司法认定——基于 28 个案件的实证分析》，《金融法苑》2018 年第 98 辑。

③ 曹蓓：《变味的 P2P 爆雷潮》，《凤凰周刊》2018 年第 26 期，第 27～28 页。

④ 郭雳：《中国式影子银行的风险溯源与监管创新》，《中国法学》（文摘）2018 年第 3 期。

二 监管主体权力运行的协调：行政监管与行业监管的协调

这实际上解决的也是一个集体智慧形成的过程问题。毕竟，行业监管本身也是最了解监管需求的一层，需要其为行政监管部门提供大量的监管信息。一方面需要进行合理有效的监管，同时还要把握一个度，不能管得太死，但同样不能简单地放养式管理，因此，就要正确处理金融创新与风险防控的关系，需要发挥金融行业自律作用。在《国务院关于"先照后证"改革后加强事中事后监管的意见》（国发〔2015〕62 号）中，国务院专门提出"各地区各部门要高度重视并切实创造有利条件，充分发挥行业协会商会对促进行业规范发展的重要作用"。中国证券投资基金业协会曾就《私募投资基金募集行为管理办法（试行）》（征求意见稿》广泛征集意见，其中不乏与中国证监会联手监管的诸项措施，最终该项行业内文件于 2016 年 4 月 15 日公布，2016 年 7 月 15 日正式实施。

目前银行的股权投资监管问题实际上就是涉及行政监管和行业监管的协调问题，比如中国银监会批准商业银行的子公司开展股权投资，但这种投资资质需要中国证监会批准，无论公募基金还是私募基金都是如此，公募基金还要申请牌照，私募基金还要到中国证券投资基金业协会备案，但可惜的是中国证监会并没有给出明确的配套政策，这就导致子公司的业务范围受限。①

以我国香港地区为例，其在维持货币及银行体系稳定的机构中，起到监管作用的是香港金融管理局（Hong Kong Monetary Au-

---

① 张玥、毛可馨：《银行怎么玩投资？》，《南方周末》2018 年 1 月 25 日，第 B14 版。

thority），由外汇基金管理局与银行业监理处合并而成。金管局的主要职能由《外汇基金条例》和《银行业条例》规定，并对财政司司长负责。① 香港还有一个机构是金融委员会（the financial commission），其设立的目的是专门针对外汇领域设立独立性行业自律组织和外部争议解决机构。② 这实际上就是行政监管与行业监管协调的典范。

三　监管区域的协调

（一）城市监管与农村监管的协调

2016 年中央一号文件《关于落实发展新理念加快农业现代化实现全面小康目标的若干意见》在"推动金融资源更多向农村倾斜"部分中，专门提到要"完善中央与地方双层金融监管机制，切实防范农村金融风险"。

（二）国内不同地区之间的监管协调

中国证监会也与我国台湾地区"财政部"下属的证券及期货监管局进行相应的监管合作，2014 年 12 月，召开了第二次监管合作会议。其中台湾方面关注的问题就包括，"尽快将台湾证券交易所、期货交易所列入大陆允许 QDII 投资金融衍生品的交易所名单。

---

① 香港金融管理局网站，http：//www.hkma.gov.hk/gb_chi/about-the-hkma/hkma/about-hkma.shtml，最后访问日期：2018 年 1 月 29 日。

② 在其网站上，金融委员会被介绍为，"作为 EDR 机构不受任何司法管辖区的管理和认证，但它的极度透明化，迅速处理能力和完善的教育资源在行业中已具有极高的价值"，https：//financialcommission.org/zh-hans/what-we-do/，最后访问日期：2018 年 1 月 29 日。

台湾地区制定有相应的《台湾期货交易法》。大陆将加快相关法规的修订工作，尽早对外公布"。[①]

有时为促进联合监管，中国证券监督管理委员会与香港证券及期货事务监察委员会会发布一些联合公告，如 2014 年 4 月为开通"沪港通"做前期准备，双方就联合发布了公告，其中提到，要"完善违法违规线索发现的通报共享机制；有效调查合作以打击虚假陈述、内幕交易和市场操纵等跨境违法违规行为；双方执法交流与培训；提高跨境执法合作水平"。这实际上也是央地金融监管联袂进行的一种范例。

（三）跨境金融监管协调

跨境监管合作原则可以确保所有跨境银行都能得到其母国和东道国监管当局的有效监管，我国的银行业监管也与国际社会保持一致，这体现在巴塞尔银行监理委员会公布的《有效银行监管的核心原则（2006 年版）》的三原则上：即目标、独立性、权力、透明度和合作原则，并表监管原则，母国和东道国合作与交换信息以及本国标准监管原则。[②] 在目前的国际金融监管过程中，金融消费者保护成为一种备受重视的趋势，我国近年来在"一行三会"中分别成立了相应的金融消费者保护部门，但一方面这些部门之间未实现有效衔接和信息共享，另一方面在与国际的金融监管协调过程中也发力不足，造成的后果是更多金融电信诈骗呈现蔓延势头。不仅如此，相应的金融教育也受到忽视，这一点在英国等

---

① 中国证券监督管理委员会：《两岸举行第二次证券及期货监管合作会议》，http：//www.csrc.gov.cn/pub/newsite/zjhxwfb/xwdd/201412/t20141226＿265693.html，最后访问日期：2015 年 12 月 27 日。

② 李良雄、王琳雯主编《金融法》，人民邮电出版社，2013，第 67～68 页。

国家其实已经成为前期的预防性机制，比如英国的 MAS（Money Advice Service）的存在目的就是提高消费者的金融风险意识和规范意识。[①]

在 2016 年 4 月国家发改委、外交部和商务部正式发布的《推动共建丝绸之路经济带和 21 世纪海上丝绸之路的愿景与行动》（即"一带一路"正式规划）之中，提出"加强金融监管合作，推动签署双边监管合作谅解备忘录，逐步在区域内建立高效监管协调机制"，"加强征信管理部门、征信机构和评级机构之间的跨境交流与合作"。

有些国家对"现金贷"类的互联网小贷采取诸如数据共享、不能重复贷款和限额实施的方式来实现监管，这些既是我们可以学习的经验，也是我们可以实现金融监管协调的内容。

---

① 高田甜：《基于金融消费者保护视角的英国金融监管改革研究》，《经济社会体制比较》2013 年第 3 期，第 49 页。

第五章　金融监管权的监督制度与
配套制度的建构

　　在英国公共管理学者克里斯托弗·胡德的《监管政府》一书中，他提出了"政府内监管"的问题，也即监管监管者的问题。[1]这一监管如果从广义上来理解，会涉及很广的外延，比如，在美国就存在对自主规制机构的监管，美国证券交易委员会（SEC）对美国金融业管理局（FINRA）的管理、美国商品期货交易委员会（CFTC）对美国期货协会的监管，实际上也是对资助规制机构这种特殊"监管者"的监管。[2]

　　目前来看，我国对于监管部门的监督，主要还是靠立法和监管系统内部的自我约束来完成。2016年7月，财政部根据《中共中央　国务院关于印发〈法治政府建设实施纲要（2015—2020年）〉的通知》，出台了《法治财政建设实施方案》，其中包含40条对应的举措，也涉及财政监管法治化的相应内容。随着金融业这艘万吨巨轮的不断加速，金融领域出现了一些重大风险隐患，比如金融监管中的"猫鼠一家"，出现大量"无照驾驶"，以及众

[1]　〔英〕克里斯托弗·胡德：《监管政府》，陈伟译，生活·读书·新知三联书店，2009。

[2]　〔美〕艾米丽·哈蒙德：《行政法中的"双重顺从"——美国自主规制机构监管问题研究》，《哥伦比亚法学评论》2016年第7期，关佩、郭小明译，《当代法官》2018年第1期，第74~79页。

多非法集资等金融乱象，同时，"宽松软""灯下黑"等现象还不同程度地存在。① 这些都需要进一步强化金融监管权监督的制度设计，做到防患于未然。

第一节　设计好金融监管问责的具体制度

一　优化金融监管问责的组织

（一）国务院金融稳定发展委员会的问责

国务院金融稳定发展委员会作为金融监管系统的最高机构，理应在金融监管问责体系中占据更为关键和重要的位置。在设立于中国人民银行的国务院金融国务院稳定发展委员会的职责中，除了强化中国人民银行宏观审慎管理和系统性风险防范职责之外，还有一项重要的职责要求，就是落实金融监管部门监管职责，并强化监管问责。2018 年 4 月，习近平总书记主持召开中央财经委员会第一次会议，把"防范化解系统性金融风险"作为财经工作的三大攻坚战之一，其中专门提到要强化打好防范化解金融风险攻坚战的组织保障，发挥好国务院金融稳定发展委员会的作用，同时要抓紧协调建立中央和地方金融监管机制，强化地方政府属地风险处置责任。这两方面其实有着必然的联系，国务院金融稳定发展委员会势必将在金融监管问责体系中发挥更为重要的作用。

---

① 徐加爱：《坚定扛起党内监督的神圣使命　推进人民银行系统全面从严治党向纵深发展》，http://www.ccdi.gov.cn/special/jwsjtth/201801/t20180129_162813.html，最后访问日期：2018 年 2 月 2 日。

（二）国家监察委员会的问责

2017 年公布的《中华人民共和国监察法（草案）》（一审稿）中，曾有专门定义式规定，第 43 条第 3 项规定，监察机关根据监督、调查结果，依法作出如下处置："（三）问责。对不履行或者不正确履行职责的，依照权限对负有责任的领导人员直接作出问责决定，或者向有权作出问责决定的机关提出问责建议。"但是，二审稿删去了这种规定模式，最终的定稿也沿袭了二审稿的规定模式。而从内容上看，三个版本相差不大，① 也就是说，实际上这一项要表达的内容还是关于"问责"的制度规定，只不过，在表述模式上没有直接表达而已。2018 年 3 月，《中华人民共和国监察法》得以正式通过，其中第 45 条明确规定，监察机关根据监督、调查结果，依法作出如下处置："（三）对不履行或者不正确履行职责负有责任的领导人员，按照管理权限对其直接作出问责决定，或者向有权作出问责决定的机关提出问责建议"，这是《监察法》对问责的最终规定。

国家监察委员会和地方各级监察委员会产生之后，根据其监察对象和监察范围的规定，对金融监管机构中的履行职责不力、失职失责的领导人员进行问责，或者向相关问责机关提出问责建议。无论是作为中国银保监会的事业单位，还是作为金融办的地方机构，都在国家监察权的监督范围之内，也就是说，对金融监管的问责，监察委员会应该承担很重要的角色和任务，同时与国务院金融稳定发展委员会搞好协调。

---

① 只是二审稿的同条第 3 项的前半段中表述为"对负有责任的领导人员直接作出问责决定"，定稿中最终删去了"负有责任的领导人员"。

二　加强金融监管问责的协调机制

（一）隔断相应的利益勾连机制

金融领域本身就属于容易产生利益输送的行业和领域，因此，对监督者监督的制度必须从严。全国人大财经委员会副主任委员尹中卿就指出，金融监管一方面要进行适时的机构合并，同时，要注意隔断金融机构、金融中介组织、金融服务机构和金融监管机构之间的联系，不能让"老子监管儿子"。① 比如，审计署可以在其中落实对金融监管绩效的评估，通过国家政策跟踪审计项目、"一行三会"预算执行审计和经济责任审计项目等方式，开展监管质量和绩效的审计评估，将有关不作为、乱作为以及失职渎职等线索移送相关部门。②

（二）强化地方的责任机制

在目前的监管体系和格局中，地方政府为了获取更多的投资，不断鼓励各种金融创新，同时，对中央派驻地方的监管机构，通过各种形式施加压力，迫使它们就范，从而使得相应的中央金融监管形同虚设。如果改变原有的监管格局，在监管权责统一的问题上约束地方，就使得地方在金融监管责任和金融发展权益上对等，将地方政府和地方性金融风险绑在同一战车上，保持金融监管和金融资源吸取之间的合理性。③

---

① 尹中卿：《建议合并"三会"组建监管局　金融监管不能"老子管儿子"》，《东方今报》2016年3月12日，第A3版。

② 王志成：《金融创新与改革需要强监管做保障》，《审计观察》2017年第2期，第15页。

③ 王文剑：《金融监管分权：一个无法绕开的话题》，《企业观察家》2014年第1期，第65页。

三 建构金融监管的配套追责机制

除了上述的一般责任机制之外，还需要考虑一些特殊领域的配套追责机制的建构。以证券发行的 IPO（Initial Public Offerings，即首次公开募股，简称 IPO）为例，2017 年，证监会发行审核委员会，共审核 466 个 IPO 项目，审核通过 380 家，否决 86 家。[①] 2018 年以来，证监会对发审委采取终身重责的机制，但这并不能完全遏制 IPO 中的造假，更多的时候我们应该加大上市申报企业的造假成本，使其在造假后面临巨额赔偿，同时，加大退市的比例，如果退市制度不能得到严格执行，实际上就是变相鼓励更多的企业继续造假。[②] 退市制度是资本市场的基础性制度，也是"动他人奶酪"、真正触动利益的制度。它的出台，应该成为高悬在资本市场蛀虫们头上的"达摩克利斯之剑"。[③]

第二节 注重社会监督

一 积极构建第三方评估机制

在《国务院关于"先照后证"改革后加强事中事后监管的意见》（国发〔2015〕62 号）中，国务院同样提出要"积极构建第三方评估机制，培育、发展社会信用评价机构，支持开展信用评

---

① 证监会：《证监会发布 2017 年 IPO 保荐机构情况》，http：//www.csrc.gov.cn/pub/newsite/zjhxwfb/xwdd/201803/t20180309_335015.html，最后访问日期：2018 年 3 月 10 日。

② 谢九：《严审 IPO 和注册制改革》，《三联生活周刊》2018 年第 6 期，第 106～107 页。

③ 《证监会深夜发布退市新规，剑指何人?》，http：//finance.ifeng.com/a/20180729/16412530_0.shtml，最后访问日期：2018 年 7 月 29 日。

级，提供客观公正的市场主体资信信息"。

二　引入投资人的社会监督

2018 年 3 月 22 日，中国人民银行杭州中心支行对支付宝（中国）网络技术有限公司做出行政处罚（见表 5 - 1），涉及个人信息保护等方面的违法行为，虽然初步达到了维护客户合法权益的目的，但对于社会监督这个环节来说，仍嫌不足，因此，在处罚之余，加大对金融监管权本身的社会监督。以目前对区块链领域的监督为例，其股权融资的治理标准，可以由主管机关、交易所、发行方与投资人透过监管沙箱实验，共同协作制定，让所有参与

表 5 - 1　中国人民银行杭州中心支行行政处罚信息公示

企业名称	行政处罚决定书文号	违法行为类型	行政处罚内容
支付宝（中国）网络技术有限公司	杭银处罚字〔2018〕23 号	客户权益方面 （1）金融消费者知情权保障不充分 （2）消费者的自主选择权保障不充分 产品宣传方面 （1）在视频宣传中开展引人误解的宣传（2）在支付宝官方微博中开展引人误解的宣传（3）处理完毕的投诉占比计算不实，导致对外公布的数据与实际不符 个人信息保护方面 （1）个人金融信息收集不符合最少、必须原则（2）个人金融信息使用不当	根据《非金融机构支付服务管理办法》，处罚款 3 万元 根据《中华人民共和国消费者权益保护法》，对产品宣传与个人信息保护两项违法行为，分别给予警告，并处罚款 10 万元、5 万元 以上罚款合计人民币 18 万元

方都有足够的诱因共同遵守所设计的游戏规则。① 再从 2018 年支付宝受处罚的几个案例来看，其中不乏消费者对其涉及侵犯知情权和个人信息保护不当的举报。

第三节　强调监管绩效

一　由第三方部门来确定监管绩效指标

对于监管绩效的衡量来说，首先要有的就是绩效指标，但问题在于，很多时候，不同的监管机构之间的监管目标都存在矛盾，这就导致无法通过监管机构自身所设定的监管指标来确认其监管绩效，有时银保监会可能不得不服务于政府宏观调控的目标，这些目标和监管的目标往往会发生冲突，导致监管的弱化。② 因此，有时有必要通过第三方部门来确定相应的监管绩效。2017 年，中国证监会全年共采取行政监管措施 1269件，新增立案调查 312 起，做出行政处罚 237 件，针对 44 人做出市场禁入 25 件，日常监管力度日益增强，同时，紧扣风险防范和稳定发展，聚焦重点领域和市场关切问题，2017 年新增立案调查 312 起，稽查执法保持高压态势，年度新增立案调查数量总体保持高位，严厉打击各类证券期货违法违规活动，2017 年共做出行政处罚决定 237 件，与 2016 年相比增加了 7%，做出市场禁入决定 25 件，与 2016 年相比增加了

---

① 臧正运、曾宛如、方嘉麟：《从区块链融资论众募规范趋势》，《月旦法学杂志》2018 年第 2 期，第 104 页。

② 朱海就：《监管的三重境界》，http://finance.ifeng.com/a/20180820/16459996_0.shtml，最后访问日期：2018 年 8 月 21 日。

25%。① 所有这些执法数据，实际上就是在凸显金融监管正在围绕中心目标开展工作，也即，是否让股市规范化运行才是评判证监会的首要标准，至于股价升了多少，降了多少，应该是市场运行的自然结果。②

二　注重监管协调对监管绩效的促进

（一）部门协调

为什么会出现监管绩效的低下，有的监管人员没有把握好监管定位，害怕影响发展，有的担当不够，不愿意得罪人，还有的甚至和监管对象搞权力勾兑。③ 监管协调的不到位实际上也是影响监管绩效的重要因素，在增加协调成本的基础上，也会产生责任的相互推诿，④ 因此，想要强调监管绩效，必须首先解决好监管协调，实现监管的一体化，这也是对监管绩效提升的直接助推力。以中国保监会在 2018 年初出台的《保险资金运用管理办法》为例，其明确了对保险资金股票投资监管的不同标准，根据一般股票投资、重大股票投资和上市公司收购等不同情形实施差别监管，并要求保险机构对保险资金运用内部控制情况进行年度专项审计

---

① 中国证券监督管理委员会：《2017 年证监会监管执法情况综述》，http：//www. csrc. gov. cn/pub/newsite/zjhxwfb/xwdd/201805/t20180511_ 338037. html，最后访问日期：2018 年 5 月 12 日。

② 尹洁：《证监会新掌门头三把火难烧》，《环球人物》2016 年第 3 期，第67 页。

③ 《一行三会勾勒金融任务图　多个"首次提出"引关注》，新华网，http：//www. xinhuanet. com/finance/2018－02/14/c_ 129807786_ 4. htm，最后访问日期：2018 年 2 月 24 日。

④ 刘洋：《分业监管的困境与出路》，《山西财税》2011 年第 3 期，第 40 页。

等。[①] 2018 年初，中国保监会会同中国人民银行、中国银监会、中国证监会、外汇局等有关部门成立接管工作组，对安邦保险集团股份有限公司实施了接管，全面接管安邦保险集团经营管理，全权行使安邦集团"三会一层"职责，坚决表明了监管"长牙齿"才能让违规机构长记性的监管态度。而之所以对安邦痛下杀手，其中原因之一就是安邦保险规避监管，经营出现异化，把保险公司做成了投资公司，这种整顿其实往往能够起到一种"杠杆作用"，在背后一定程度上凸显了监管层的政策意图。[②] 2018 年 4 月，中国银保监会发布消息，安邦保险集团引入保险保障基金增资，增资 611 亿元后安邦保险集团的注册资本达到 619 亿元，之前新华人寿和中华财产保险都曾因各种原因被保险保障基金接管，这种制度实际上是一种保险行业的重要风险防线。

（二）央地协调

同样，在中央监管规则与地方金融监管规则的关系模式中，也有较为微妙的表现，有些地方制定的监管规则与中央的监管规则有直接冲突，有些监管规则虽不直接冲突于中央的监管规则，但有间接的冲突，这在有些学者的研究视阈内分别被称为地方的"冲突型"监管规则和"扩展型"监管规则，其中"冲突型"规则是地方突破中央规定、互相竞争放松管制的结构，而"扩展型"规则则反映的是政府私利、监管寻租的现

---

① 郭伟莹：《保监会新规：股东不得违法违规干预保险资金运用》，http://finance.ifeng.com/a/20180129/15954049_0.shtml，最后访问日期：2018 年 1 月 29 日。

② 谭保罗：《改革开放，创新经济崛起的制度保证》，《南风窗》2018 年第 6 期，第 38 页。

象。① "维护市场的中国式联邦主义" 的提出实际上是要在此处鼓励中央向地方进一步金融监管分权，也就是说经济上的联邦体制实际上是政府部门决策过程的集中程度由高到低的移动，② 但这只是问题的一个方面，党的十八届三中全会《关于全面深化改革若干重大问题的决定》明确指出，"界定中央和地方的金融监管职责和风险处置责任"，十分明确地向央地各监管主体发出了信号，这种监管不允许通过规则的设定而打折。

2016 年 4 月 13 日，山西省银监局统筹推动十家代表银行联合成立 "债权人委员会" 在山西省正式落地，希望鼓励银行共同帮扶困难企业，以使僵尸企业有序退出。③ 但是，银行转为债权人，其实没有解决实际问题，没有盈利的企业并没有因此改变其实质和经营现状，其中的呆账和坏账依然存在，不符合 "救急不救穷" 的长远逻辑。正如 2018 年 8 月中国银保监会所提出的 "加强监管引领，打通货币政策传导机制，提高金融服务实体经济水平" 的口号一样，要引导银行保险机构加大资金投放力度，保障实体经济有效融资需求；推动机制创新，提高服务实体经济能力；健全激励机制，增强服务实体经济的意愿。特别是在健全激励机制和增强服务实体经济意愿方面，中国银保监会提出要 "优化小微金融服务监管考核办法，加强贷款成本和贷款投放监测考核"，④ 这

---

① 唐应茂：《中央和地方关系视角中的金融监管——从阿里小贷谈起》，《云南社会科学》2017 年第 5 期，第 21 页。

② 〔美〕华莱士·E. 奥茨：《财政联邦主义》，陆符嘉译，译林出版社，2012，第 23 页。

③ 冯叶、谢非、吴小飞：《晋煤告急：收编大批民营煤企，如今万亿巨债缠身》，《南方周末》2016 年 4 月 21 日，第 C17 版。

④ 中国银行保险监督管理委员会：《加强监管引领　打通货币政策传导机制　提高金融服务实体经济水平》，http://www.cbrc.gov.cn/chinese/newShouDoc/F92A510E538D4FB4876F850121180FF9.html，最后访问日期：2018 年 8 月 12 日。

实际上也是通过金融服务监管考核来提升对监管本身的绩效衡量。但是，同时，也要谨防打着服务实体经济的旗号发展过剩金融消费借贷的行为，信用卡贷款和消费贷款在快速发展的过程中，会出现不良率波动趋势，进而对资产质量产生影响，这些都应该成为金融监管的新对象，因为中国银行业逾期半年以上的信用卡贷款占信用卡贷款应收账款额的比重已经逐渐上升，信用风险逐渐上升，而这将成为发生卡债危机的前兆。[1] 2018 年 11 月，银保监会又提出，要改革和完善金融机构监管考核和内部激励机制，把银行业绩考核同支持民营经济发展相挂钩，解决不敢贷、不愿贷的问题。[2]

第四节　强化救济与预防机制

强化救济与预防，应该分为两个方面的内容，一方面，通过传统的司法、仲裁等途径对投资者展开救济，另一方面，还可以通过立法，强化一种潜在的预防机制，以备出现某种情况的前提下，开展相应的补救。救济与预防机制的用意主要在于，倒逼金融监管权的强大，配合金融监管权的正常规范运行。

一　强化司法救济的途径和效用

一方面，类型化的行政行为之外还有大量的诸如监管谈话、

---

① 周纯：《信用卡巷战中的秘密》，《看天下》2018 年第 31 期，第 59 页。

② 宋易康：《银保监会：既要避免"一刀切"惜贷　也要避免"一哄而上"送贷》，《第一财经日报》2018 年 12 月 8 日。

临时接管、责令暂停履行职务以及限制业务活动等非类型化的证券监管行为。"证券监管措施"在我国行政法中不是独立的行政行为类型，但只要是行使政府公权力均要受到相应的制约，即任何行政行为都要受到相应的法律规制。[①] 2018 年 8 月，中国证监会召开专题会议，专门研讨探索完善适应投资者保护特点需要的诉讼机制，研究开展支持诉讼、示范诉讼、公益诉讼等试点工作以及责任分配环节的举证责任制度。[②] 强化证券支持诉讼，实际上是在中小投资者诉讼能力不够强的情况下，由中证中小投资者服务中心来对其进行必要支持，对于监管部门而言，光靠行政手段还不行，还需要调动包括司法系统力量在内的潜在力量，发挥司法的价值才行。[③] 司法权作为典型的中央事权，如果一些案件经由证监会的地方派出机构来管辖，实际上正是中央权力配合地方监管权力行使的最佳表现。[④] 我们以 P2P "爆雷" 事件为例来分析司法救济机制构建在其中的必要性（见表 5 - 2）。

表 5 - 2 P2P 发展史中的 "爆雷" 事件

年　份	P2P 发展事件
2005	英国公司 Zopa 首创 P2P 网贷模式
2006	中国上海出现了第一批 P2P 网贷创业企业

---

① 李东方：《证券监管执法类型及其规范研究》，《行政法学研究》2018 年第 6 期。

② 丁国锋、罗莎莎：《证监会专题探讨投资者民事损害赔偿救济法律制度完善》，《法制日报》2018 年 8 月 25 日。

③ 谭保罗：《证监会主席还需要两位重要 "盟友"》，《南风窗》2017 年第 14 期，第 31 页。

④ 谭波：《论司法权的事权属性及其启示》，《山东科技大学学报》（社会科学版）2015 年第 1 期，第 49 页。

年　　份	P2P 发展事件
2011	第一次出现借款人集体逾期事件
2013.8	余额宝横空出世
2013～2014	网贷行业迅速膨胀
2013	第一次雷潮，倒闭了近千家平台
2014.1.1	第二次雷潮，很多资质差的平台纷纷出局
2015～2016	第三次雷潮，大量看似实力雄厚的伪国资庞氏平台纷纷"爆雷"

2018 年下半年，P2P 的雷潮开始出现第四次，但对目前的投资者而言，行业的投资者很难获得实质性的赔偿，他们只能在闻听消息之后，及时退出所有投资，但还有很多金融平台会以资金未到期为由对投资者的退出申请进行限制。[①] 但目前来看，通过走诉讼渠道来申请索赔的非常少，而前期想要通过经济侦查部门立案更成为奢望。因此，改善金融法制环境，成立金融仲裁机构、金融法庭等，加大金融案件执法力度，严厉打击非法集资、非法证券、内幕交易、非法外汇、非法支付结算等各类非法金融活动，严守系统性、区域性金融风险底线，就显得非常必要。就司法而言，可以进一步强化穿透式司法审查，对以金融创新为名掩盖金融风险、规避金融监管、进行制度套利的金融违规行为，要以其实际构成的法律关系确定其效力和各方权利义务。[②]

---

① 李晓芳、王莹莹：《唐小僧之后那些被卷入 P2P"爆雷"潮的人和事》，《看天下》2018 年第 21 期，第 51 页。

② 参见华东政法大学吴弘教授 2018 年 8 月 30 日在河南省法学会金融法学研究会 2018 年年会上的报告《防范金融风险与金融法制保障》。

二　强化其他相关的法治预防

（一）强化征信管理

通过强化征信管理，效仿国外对信用体系的管理，调动多个征信管理机构参与到个人征信牌照的前期管理之中，使金融监管有案可查，有据可依，做好金融监管权的前期配套制度建构。比如，设立网联平台，把所有第三方支付平台的资金控制起来，要求其集中放在一家银行。跨银行支付必须通过网联平台来操作，这个网联平台以央行的机构为主导，央行筹备设立了一家百行征信，专门从事个人征信业务。[①] 英美国家对 P2P 的管理，也是通过征信体系。美国是通过信息披露，将这类向公众发行的权益性凭证纳入证券范畴，英国则将该行业认定为复合中介，除了要求具有信息中介的功能之外，还要为投资者进行保障，建立风险保障备付金制度。[②]

（二）拓宽法律适用

随着金融创新和互联网金融的不断发展，各种金融监管也需要扩展适用，以强化监管部门的保障意识。以加密货币为例，在有些国家，加密货币属于合法化货币，适用继承法，投资者需要有存储执行的策略来管理自己的账户信息，并对自己去世后的数字遗产做出处置建议，包括账户访问、受益人分配及相关的税务。而对于还没有实现加密货币合法化的我国，应该考虑对缺乏监管

① 彭冰：《反思互联网金融监管》，《金融博览》2018 年第 12 期。

② 钟坚：《P2P 怎么改革才能不再爆雷——专访浙江大学互联网金融研究院副院长李有星教授》，《凤凰周刊》2018 年第 26 期，第 33～34 页。

的这一行业的投资者进行立法方面的倡导，促使其采取更负责的态度，防止加密货币的遗留损失，委托第三方保存私钥副本或鼓励继承加密货币的数字安全服务。① 世界各国对区块链所进行的监管目前主要集中于数字代币的发行与交易方面。例如，日本通过《支付服务法案》和《犯罪收益转移预防法案》等法律，一方面承认虚拟货币的法律地位，另一方面对虚拟货币交易机构提出了一系列的义务和要求，包括信息安全管理义务、指导义务、机构财产与客户财产分开管理义务、交易信息核查义务等，防范虚拟货币带来的种种风险。②

2017 年 12 月，英国财政部和欧盟均制订了计划，剑指终止加密货币匿名交易，并强调要打击反洗钱和逃税行为。欧盟的计划是要求加密货币平台对消费者进行适当且尽职的调查，并上报一切可疑交易。英国财政部也强调了他们"在尝试将虚拟货币交易平台及钱包提供商纳入反洗钱和打击恐怖分子的金融监管范畴中……现在几乎没有加密货币用于洗钱的证据，但是相应的风险却很有可能会增长"。2018 年 1 月，欧洲出现了要求严格监管加密货币的呼声。2018 年 1 月 15 日，法国经济部长 Bruno Le Maire 宣布成立一个工作小组，其目的是进行加密货币的监管。同样，德意志联邦银行的董事会成员之一 Joachim Wuermeling 呼吁在全球范围内对虚拟货币进行有效的监管。2018 年 2 月 27 日，德国财政部下发"公函"对加密货币作为交易对价时的增值税征收与其他涉及"挖矿""钱包"及交易平台的增值税征收做了规定。在加密货

---

① 《意外离世的持币者，你的私钥去哪儿了？》，《看天下》2018 年第 31 期，第 62 页。

② 苏宇：《区块链治理之现状与思考：探索多维价值的复杂平衡》，《中国法律评论》2018 年第 6 期。

币作为对价（Entgelt）时，"公函"规定只要加密货币除了作为单纯的支付手段外再无其他目的，则在增值税征收上加密货币的使用与传统支付手段的使用会予以同等对待。这就等于在具体法律适用的侧面为加密货币的监管提前布置了一些原则和机制。[①]

（三）加大对金融监管保障制度的运用

这其中比较典型的是一些金融领域的保障基金制度，应该更进一步规范这类保障机制的使用，实际上也是对监管部门本身的监督。以安邦保险集团涉嫌非法集资为例，2018 年 3 月，中国银保监会批复同意保险保障基金向安邦机关增资 608.04 亿元，实现阶段性持股，以改善安邦保险集团公司治理、充实其偿付能力，同时尽快引入民营资本作为战略性股东，实现保险保障基金有序安全退出，并保障其民营性质不变。[②] 这种大规模的增资行为本身保障了行业的稳定，但对这种行为的监督仍然不可或缺，任重道远。

---

① 傅宇：《德国涉加密货币增值税征收制度概览》，https://xw.qq.com/amphtml/20181126B1VDB000，最后访问日期：2018 年 11 月 27 日。

② 任重远：《安邦集团"罪与罚"》，《凤凰周刊》2018 年第 25 期，第 32 页。

附录

山东省地方金融条例

（2016 年 3 月 30 日山东省第十二届
人民代表大会常务委员会第二十次会议通过）

第一章　总　则

第一条　为了充分发挥金融服务经济社会的作用，促进金融发展，维护金融稳定，根据有关法律、行政法规，结合本省实际，制定本条例。

第二条　在本省行政区域内从事金融服务、金融发展和金融监管活动的地方金融组织、地方金融监管机构以及相关单位和个人，应当遵守本条例。

本条例所称地方金融组织，是指依法设立，从事相关地方金融活动的小额贷款公司、融资担保公司、民间融资机构、开展权益类交易和介于现货与期货之间的大宗商品交易的交易场所、开展信用互助的农民专业合作社、私募投资管理机构和国务院及其有关部门授权省人民政府监督管理的从事金融活动的其他机构或者组织等。

国家对金融服务、金融发展和金融监管另有规定的，从其规定。

第三条　地方金融工作应当坚持促进发展与防范风险相结合，遵循积极稳妥、安全审慎的原则，保持金融健康平稳运行，构建良好的地方金融生态环境，推动金融服务实体经济，促进经济社会发展。

第四条　县级以上人民政府应当加强对地方金融工作的组织领导，依照属地管理原则，建立健全地方金融监管体制，加强与国家有关部门和金融机构的协调配合，制定扶持政策，及时研究解决地方金融工作中的重大问题，防范和化解金融风险，促进地方金融健康发展。

第五条　县级以上人民政府地方金融监管机构负责本行政区域内金融服务、金融发展的综合协调和指导工作，并依照本条例规定对地方金融组织和相关金融活动实施监管。

县级以上人民政府发展改革、经济和信息化、财政、公安、农业、国土资源、住房城乡建设、商务、审计、工商行政管理等部门，按照职责分工做好相关工作。

第六条　地方金融组织依法开展业务，不受任何机关、单位和个人的干涉。

地方金融组织应当合法经营，诚实守信，自担风险，自我约束，不得损害社会公共利益和他人合法权益。

第七条　广播、电视、报刊、网络等媒体应当加强金融法律、法规以及有关知识的宣传和舆论监督，提高公众金融知识水平和风险防范意识，营造良好的金融发展环境。

第二章　金融服务

第八条　地方金融组织开展业务时，应当牢固树立以客户为中心的理念，依法公平签订合同，严格履行法定义务，维护消费者的财产和信息安全。

地方金融组织应当建立金融消费者和投资者适当性制度，将合适的金融产品和服务推介给适当的消费者和投资者。地方金融组织在提供金融产品和服务时，应当以通俗易懂的语言或者文字，向消费者和投资者如实披露可能影响其决策的信息，充分提示风险；未履行如实告知或者风险提示义务的，应当依法承担赔偿责任。

从事金融性投资消费活动的单位和个人，应当增强风险意识，遵循盈亏自负、风险自担原则。

第九条　小额贷款公司应当按照小额、分散的原则开展业务经营，重点为小型微型企业和农民、农业、农村经济发展提供融资服务，并可以通过发行优先股和私募债券、资产证券化等方式，拓宽融资渠道，提高服务实体经济能力。

第十条　融资担保公司应当依法开展贷款担保、票据承兑担保、贸易融资担保、项目融资担保、信用证担保等业务，提高企业融资增信服务水平。对符合国家、省规定条件的贷款担保业务发生代偿时，融资担保公司、风险补偿资金、贷款银行等可以协商确定风险分担比例。

第十一条　民间资本管理机构、民间融资登记服务机构等民间融资机构应当按照核准的经营范围和区域开展业务，促进民间资金供需规范有序对接。

民间资本管理机构应当针对实体经济项目开展股权投资、债权投资、短期财务性投资、资本投资咨询等服务。

民间融资登记服务机构应当以信息中介或者信息平台形式，向社会公众提供资金供需信息以及相关资金融通的配套服务。

第十二条　权益类交易市场、区域性股权市场、介于现货与期货之间的大宗商品交易市场等地方交易场所，应当健全完善业务规则和管理制度，实行适当投资者准入管理，加强互联互通和统一结算平台建设，创新场外交易方式，为交易场所市场参与者提供优质高效服务。

第十三条　农民专业合作社开展信用互助业务，应当坚持社员制、封闭性原则，完善决策科学、制衡有效的治理结构，有效保护社员合法权益，满足社员金融需求，服务农民、农业、农村经济发展。

第十四条　私募投资管理机构应当落实适度监管要求，依法向不超过规定数量的合格投资者募集资金，并按照合同约定享受权益、承担风险，提高融资服务能力。

第十五条　县级以上人民政府及其有关部门应当按照规定综合利用设立政府引导基金、财政贴息、保险补贴、资金奖励、风险补偿资金等方式，引导带动金融资金和社会资金投向重点产业、重点项目和重点领域，推进经济转型升级。

第十六条　县级以上人民政府应当制定措施，推动企业规范化公司制改制，建立现代企业制度，支持企业通过上市、挂牌、发债、资产证券化、私募融资等方式扩大直接融资，改善融资结构。

鼓励支持企业在生产经营过程中依法合理运用期货、期权等金融衍生产品进行套期保值、规避风险。

第十七条　县级以上人民政府应当引导现代保险服务业发展，完善保险经济补偿机制，发挥商业保险在多层次社会保障体系中的作用，运用保险风险管理功能创新公共管理服务，构筑保险民生保障网，提升保险资金运用水平。

县级以上人民政府应当支持发展多种形式的农业、农村保险，按照规定对政策性保险业务给予补贴。

第十八条 县级以上人民政府应当制定扶持政策和相关融资风险分担以及损失补偿措施，引导金融机构、地方金融组织加大对小型微型企业和农民、农业、农村经济发展特别是贫困地区的金融支持。

金融机构、地方金融组织对小型微型企业和农民、农业、农村经济发展的贷款、投融资、保险、担保等业务达到规定要求的，由财政部门给予风险补偿或者奖励。

第十九条 县级以上人民政府及其有关部门应当为金融机构和地方金融组织开展相关抵（质）押物融资业务提供便利；登记机构或者部门应当及时为融资抵（质）押办理登记手续。

第三章 金融发展

第二十条 县级以上人民政府应当制定并完善金融发展的政策和措施，激发金融创新活力，统筹直接融资与间接融资、传统金融业态与新型地方金融业态协调发展，引导金融资金流向节能环保等绿色产业，推动金融业双向开放，支持发展普惠金融，保障人民群众享有价格合理、便捷安全的基本金融服务。

第二十一条 省、设区的市人民政府地方金融监管机构应当编制本行政区域的金融发展规划，征求人民银行、发展改革、财政、人力资源社会保障、国土资源、城乡规划、环境保护等部门和所在地国家金融监管派出机构的意见后，报本级人民政府批准后实施。

第二十二条 省人民政府应当综合考虑区位、产业、资源等情况，支持区域性金融中心、财富管理中心、基金管理中心等金融集聚区建设，增强金融资源集聚和辐射能力。

金融集聚区所在地人民政府应当加强政策扶持，做好机构培育、市场建设、政策创新、环境营造等工作，并对金融集聚区建设用地作出规划安排。

第二十三条 省、设区的市人民政府应当依托对外经济合作基础和区位优势，推进金融合作示范区和金融服务产业园区规划建设，加强与国际金融组织合作与交流，支持企业在国际资本市场直接融资。

第二十四条 县级以上人民政府应当优化营商环境，加大金融机构引进力度，支持国有资本和民间资本设立、参股注册地在本省的金融机构。

设立注册地在本省的金融机构，或者在本省行政区域内设立国内外金融机构区域总部、分支机构的，由当地人民政府按照规定给予奖励。

第二十五条 县级以上人民政府应当制定措施，支持民间资本投资设立或者参股、控股地方金融组织，推动地方金融组织健康发展。鼓励国有资本投资设立或者参股、控股融资担保公司，并适时扩大或者补充资本金，带动民间资本投入。

第二十六条 县级以上人民政府应当依照国家法律和监管政策，支持金融与互联网等信息技术的融合，促进金融机构、地方金融组织开拓互联网金融业务，规范发展第三方支付、网络借贷等新兴业态，发挥互联网金融的资金融通、支付、投资和信息中介等功能作用。

第二十七条 县级以上人民政府及其有关部门应当通过引进、培育、整合等方式，加快发展信用评级、资产评估、保险代理、保险经纪、保险公估、融资仓储等金融中介服务组织，推动金融服务中心、金融超市建设，构建高效便捷的专业化金融中介服务体系。

第二十八条 县级以上人民政府应当鼓励和支持金融机构、地方金融组织进行产品、技术、服务、管理等方面的创新，完善金融创新激励机制，加强金融创新成果保护，并按照规定给予风险补偿或者奖励。

第二十九条 省人民政府地方金融监管机构应当建立地方金融组织信息披露制度，加强金融信用环境建设，积极参与构建守信激励和失信惩戒机制。

省人民政府地方金融监管机构应当组织建立地方金融组织信息综合服务平台，开展地方金融组织、相关企业和个人信用信息采集、整理、保存、加工和公布等工作，并与全国企业信用信息公示系统、公共信用信息平台相衔接，实现地方金融数据资料共享。

第三十条 县级以上人民政府地方金融监管机构应当会同财政、人力资源社会保障等部门，建立金融人才队伍建设长效机制，制定金融人才培养引进计划和奖励政策，按照规定对符合条件的金融人才给予奖励，并在落户、居住、子女教育、医疗等方面提供便利。

第三十一条 地方金融组织可以建立行业自律组织。行业自律组织应当组织制定、实施行业规范、标准和职业道德准则，完善行业自律管理约束机制，加强对从业人员的引导、约束，及时发布行业信息，依法维护会员的合法权益。

第四章 金融监管

第三十二条 设立由法律、行政法规或者国务院决定授权省人民政府监督管理的小额贷款公司、融资担保公司以及其他金融组织，应当符合国家规定的条件，经省人民政府地方金融监管机构批准。

第三十三条　民间融资机构开展民间资本管理业务的，应当具备下列条件，并经省人民政府地方金融监管机构批准：

（一）已经依法办理工商注册登记手续，且具有法人资格；

（二）一次性实缴货币资本不低于人民币三千万元；

（三）出资人的出资为自有资金；

（四）主要出资人的出资占注册资本的比例不低于百分之二十、不高于百分之五十一；

（五）董事、监事、高级管理人员应当具备履行职责所需的专业能力和良好诚信记录；

（六）有健全的业务操作规范和内部控制、风险管理制度；

（七）法律、行政法规规定的其他条件。

民间融资机构开展民间融资登记服务业务的，应当符合前款规定的第一项、第三项、第五项、第六项和第七项条件，并经省人民政府地方金融监管机构批准。

第三十四条　交易场所开展权益类交易或者介于现货与期货之间的大宗商品交易业务的，应当具备下列条件，并经省人民政府地方金融监管机构批准：

（一）已经依法办理工商注册登记手续，且具有法人资格；

（二）一次性实缴货币资本不低于人民币三千万元；

（三）主要出资人为法人，经营相关业务三年以上且无重大违法违规行为；

（四）出资人财务状况良好，主要出资人资产负债率不超过百分之七十且净资产不低于五千万元；

（五）交易品种明确；

（六）董事、监事、高级管理人员应当具备履行职责所需的专业能力和良好诚信记录；

（七）有健全的业务操作规范和内部控制、风险管理制度；

（八）法律、行政法规规定的其他条件。

第三十五条　开展农民专业合作社信用互助业务的，应当具备下列条件，并经所在地县（市、区）人民政府地方金融监管机构批准：

（一）已经依法办理工商注册登记手续，且具有法人资格；

（二）固定资产五十万元以上；

（三）理事、监事、高级管理人员应当具备履行职责所需的专业能力和良好诚信记录；

（四）有健全的业务操作规范和内部控制、风险管理制度；

（五）法律、行政法规规定的其他条件。

第三十六条　在本省行政区域内设立私募投资管理机构等地方金融组织，工商行政管理部门应当在办理工商登记后，及时将相关信息提供给地方金融监管机构。

第三十七条　任何单位和个人不得非法吸收公众存款、擅自发行有价证券，或者以其他方式从事非法集资活动。

第三十八条　任何单位和个人不得以广告、公开劝诱或者变相公开宣传的方式，向社会不特定对象或者超出法律规定数量的特定对象承诺或者变相承诺，对投资收益或者投资效果作出保本、高收益或者无风险等保证。

广播、电视、报刊、网络等媒体发布金融类广告，应当依法查验主体的业务资质和有关部门的证明文件，核对广告内容，不得发布涉嫌非法集资、金融诈骗以及虚假广告的宣传报道。

第三十九条　地方金融组织应当按照审慎经营的要求，严格遵守风险管理、内部控制、资产质量、风险准备、风险集中、关联交易、资产流动性等业务规则和管理制度。

第四十条　地方金融组织应当及时向所在地县级以上人民政府地方金融监管机构报送业务情况、财务会计报告和合并、分立、控股权变更以及其他重大事项。报送内容应当真实、完整。

县级以上人民政府地方金融监管机构应当建立统计分析制度和监测预警机制，定期收集、整理和分析地方金融组织统计数据，对金融风险状况进行评估，并提出相应的监管措施。

第四十一条　县级以上人民政府地方金融监管机构应当对地方金融组织的业务活动及其风险状况进行监管，可以根据工作需要进入地方金融组织依法实施现场检查，并采取下列措施：

（一）询问地方金融组织的工作人员；

（二）查阅、复制与检查事项有关的文件、资料；

（三）检查地方金融组织业务数据管理系统。

地方金融组织应当配合地方金融监管机构进行检查，不得拒绝、阻碍。

第四十二条　地方金融组织存在重大违规行为的，县级以上人民政府地方金融监管机构可以对其董事、监事、高级管理人员等进行约谈和风险提示，要求就业务活动和风险管理的重大事项作出说明，必要时可以责令其进行整改。

第四十三条　可能引发或者已经形成重大金融风险，严重影响金融秩序和金融稳定的，县级以上人民政府地方金融监管机构应当对相关地方金融组织进行重点监控，向利益相关人进行风险提示；必要时，可以责令地方金融组织暂停相关业务。

地方金融组织属于国有或者国有控股的，有管辖权的人民政府可以依法对其董事、监事、高级管理人员等进行调整，或者限制其投资和其他资金运用，必要时可以对其进行重组。

第四十四条　县级以上人民政府应当组织地方金融监管机构

和发展改革、经济和信息化、财政、公安、商务、税务、审计、工商行政管理、国有资产监督管理等部门，建立金融信息共享、风险处置、金融消费者权益保护等方面的协作机制，打击处置金融欺诈、非法集资等违法行为，防范化解金融风险。

第四十五条　县级以上人民政府地方金融监管机构应当加强与所在地国家金融监管派出机构的信息沟通和工作协调，建立金融风险防范化解工作机制，提高金融风险防范与处置能力。

第四十六条　县级以上人民政府应当制定地方金融突发事件应急预案，明确工作职责、事件分级、启动机制、应急处置与保障措施等内容。

第五章　法律责任

第四十七条　违反本条例规定的行为，法律、行政法规已规定法律责任的，从其规定；法律、行政法规未规定法律责任的，依照本条例规定执行。

第四十八条　违反本条例规定，有下列情形之一的，责令停止相关业务，没收违法所得，并处违法所得一倍以上三倍以下罚款；情节严重的，处违法所得三倍以上五倍以下罚款；没有违法所得或者违法所得不足五万元的，处五万元以上十万元以下罚款；构成犯罪的，依法追究刑事责任：

（一）未经批准擅自设立由法律、行政法规或者国务院决定授权省人民政府监督管理的小额贷款公司、融资担保公司以及其他金融组织的；

（二）民间融资机构未经批准擅自从事民间资本管理业务或者民间融资登记服务业务的；

（三）交易场所未经批准擅自从事权益类交易或者介于现货与

期货之间的大宗商品交易业务的；

（四）未经批准擅自从事农民专业合作社信用互助业务的。

前款规定的第一项至三项情形，由省人民政府地方金融监管机构依法予以处罚；第四项情形，由所在地县（市、区）人民政府地方金融监管机构依法予以处罚。

第四十九条 违反本条例规定，有下列行为之一的，依法给予行政处罚；构成犯罪的，依法追究刑事责任：

（一）非法吸收公众存款、擅自发行有价证券，或者以其他方式从事非法集资活动的；

（二）擅自以广告、公开劝诱或者变相公开宣传的方式，向社会不特定对象或者超出法律规定数量的特定对象承诺或者变相承诺，对投资收益或者投资效果作出保本、高收益或者无风险等保证的。

第五十条 违反本条例规定，地方金融组织违反审慎经营的要求，不落实风险管理、内部控制、关联交易等业务规则和管理制度的，由县级以上人民政府地方金融监管机构责令限期改正；逾期不改正的，处一万元以上三万元以下罚款，并可责令其暂停相关业务；情节严重的，处三万元以上五万元以下罚款；构成犯罪的，依法追究刑事责任。

第五十一条 违反本条例规定，地方金融组织不按照规定报送相关信息或者不按照要求就重大事项作出说明的，由县级以上人民政府地方金融监管机构责令限期改正；逾期不改正的，处一万元以上三万元以下罚款；故意提供虚假信息或者隐瞒重要事实的，处三万元以上五万元以下罚款；构成犯罪的，依法追究刑事责任。

第五十二条 违反本条例规定，地方金融组织拒绝、阻碍现场检查，构成违反治安管理行为的，由公安机关依法处罚；构成犯罪的，依法追究刑事责任。

第五十三条 违反本条例规定，地方金融组织不按照要求进行整改的，由县级以上人民政府地方金融监管机构责令改正，处三万元以上五万元以下罚款；情节严重的，处五万元以上十万元以下罚款；构成犯罪的，依法追究刑事责任。

第五十四条 违反本条例规定，地方金融组织拒绝执行暂停相关业务、重组等监管措施的，由县级以上人民政府地方金融监管机构责令改正，处五万元以上十万元以下罚款；造成重大金融风险的，处十万元以上五十万元以下罚款；有违法所得的，没收违法所得；构成犯罪的，依法追究刑事责任。

第五十五条 地方金融组织违反法律、行政法规以及本条例有关规定，县级以上人民政府地方金融监管机构可以对负责的董事、监事、高级管理人员和其他直接责任人员给予警告，并予以通报。

第五十六条 违反本条例规定，县级以上人民政府及其有关部门、地方金融监管机构有下列行为之一的，对直接负责的主管人员和其他直接责任人员依法给予处分；构成犯罪的，依法追究刑事责任：

（一）对不符合法定条件的申请人准予许可或者超越法定职权作出准予许可决定的；

（二）对符合法定条件的申请人不予许可的；

（三）未按照规定采取金融监管措施情节严重的；

（四）对违法行为不依法进行查处的；

（五）其他滥用职权、玩忽职守、徇私舞弊的行为。

第六章 附 则

第五十七条 典当、融资租赁、商业保理、非融资担保业务的监督管理，按照国家和省有关规定执行。

第五十八条 本条例自 2016 年 7 月 1 日起施行。

四川省地方金融监督管理条例

（2019 年 3 月 28 日四川省第十三届人民代表
大会常务委员会第十次会议通过）

第一章 总 则

第一条 为了加强地方金融监管，防控金融风险，维护金融秩序，促进金融发展，服务实体经济，根据有关法律、行政法规，结合四川省实际，制定本条例。

第二条 在四川省行政区域内对地方金融组织从事金融业务进行监督管理，适用本条例。国家对金融监督管理另有规定的，从其规定。

第三条 本条例所称地方金融组织，是指国家授权地方人民政府及其有关部门监督管理的小额贷款公司、融资担保公司、区域性股权市场、典当行、融资租赁公司、商业保理公司、地方资产管理公司、开展信用互助的农民专业合作社、从事权益类或者大宗商品类交易的交易场所（以下统称交易场所）等。

第四条 地方金融监督管理工作应当遵循积极稳妥、安全审慎原则，坚持发展与规范、创新与监管并重，保持金融健康平稳运行。

第五条 省人民政府应当加强对全省地方金融工作的领导，建立健全金融工作议事协调机制，依照法律、法规和有关规定履行金融发展和地方金融监管职责，对市（州）人民政府进行履职问责。省金融工作议事协调机构研究决定全省地方金融监管和风险防范重大事宜。

省人民政府地方金融主管部门依照法律、法规和有关规定对地方金融组织、地方金融活动实施监督管理，承担省金融工作议事协调机构具体工作。

第六条 市（州）、县（市、区）人民政府应当加强对本行政区域内地方金融工作的领导，制定金融发展扶持政策，保障地方金融工作经费，防范化解金融风险。

市（州）、县（市、区）人民政府确定的负责地方金融工作的机构依照有关规定承担对地方金融组织的日常检查、数据统计等工作，依法接受省人民政府地方金融主管部门委托开展有关行政处罚的具体工作。

县级以上地方人民政府发展改革、财政、公安、农业农村、商务、国有资产监督管理、市场监督管理等部门，按照有关法律、法规的规定履行各自职责，做好相关工作。

第七条 地方金融组织应当合法合规经营，诚实守信、自担风险，接受监督管理，不得损害国家利益、社会公共利益和他人合法权益。

第八条 县级以上地方人民政府及其有关部门应当通过广播、电视、报刊、网络等媒体，加强对金融法律、法规以及相关知识的宣传教育，提高人民群众金融风险防范意识。

地方金融组织行业协会应当组织制定、实施行业规范和职业道德准则，教育会员遵守金融法律、法规，完善行业自律管理约束机制。

第二章　地方金融组织

第九条　地方金融组织从事相关金融业务，应当符合《中华人民共和国公司法》《融资担保公司监督管理条例》等法律、行政法规，以及中央金融管理部门和机构的有关规定，经有权机关按照法定程序批准或者备案，取得相应经营资格。

第十条　地方金融组织应当依法开展业务，建立金融消费者和投资者适当性制度，将合适的金融产品和服务推介给适当的消费者和投资者。地方金融组织在提供金融产品和服务时，应当以显著方式和通俗易懂的语言文字如实披露可能影响其决策的信息，充分提示风险。

第十一条　地方金融组织应当按照审慎经营的要求，建立健全风险管理、内部控制、资产质量、风险准备、风险集中、关联交易、资产流动性等业务规则和管理制度。

第十二条　地方金融组织应当按照规定向住所地人民政府负责地方金融工作的机构报送业务情况、财务会计报告、风险事件情况等重大事项。

第十三条　设立融资担保公司，注册资本不低于人民币一亿元，且为实缴货币资本。

第十四条　小额贷款公司应当在批准的区域范围内，按照小额、分散、信用原则，为农民、个体工商户、城镇居民、小微企业、农业经营组织等提供贷款和相关咨询服务。

第十五条　融资担保公司应当按照审慎经营原则，规范融资担保项目评审、担保后管理、代偿责任追偿等业务活动，建立健全风险管理等内部控制制度。

第十六条　典当行应当按照批准的范围经营业务，建立健全财务会计制度和内部审计制度，在典当期内不得出租、质押、抵押和使用典当物。

第十七条　融资租赁公司依照有关规定可以采取直接租赁、转租赁、委托租赁、联合租赁等形式开展融资租赁业务，建立完善的内部风险控制体系，形成良好的风险资产分类管理制度、承租人信用评估制度、事后追偿和处置制度以及风险预警机制等。

第十八条　农民专业合作社开展信用互助业务，应当坚持社员制、封闭性原则，建立完善决策科学、制衡有效的治理结构，有效保护社员合法权益。

第十九条　交易场所应当按照依法合规、审慎经营、风险可控原则，完善公司法人治理结构，建立健全业务规则和管理制度，实行投资者适当性准入管理，加强交易信息系统和资金账户安全性建设，提供优质高效安全服务。

第二十条　地方金融组织解散的，应当依法进行清算，对相关业务承接以及债务清偿作出明确安排，清算过程应当依法接受监督。

地方金融组织解散或者被宣告破产的，应当依法注销业务经营许可证，并向社会公告。

第三章　服务与发展

第二十一条　省人民政府地方金融主管部门根据国家金融发展规划和监管要求，会同中央金融管理部门派出机构制定全省金融发展规划，报省人民政府批准。

第二十二条　省人民政府应当综合考虑区位、产业、资源等因素，支持西部金融中心等现代金融集聚区建设，增强金融资源集聚和辐射能力。

现代金融集聚区所在地人民政府应当加强政策扶持，做好机构培育、市场建设、人才引进、环境营造等工作。

第二十三条　县级以上地方人民政府应当优化营商环境，加大金融机构引进力度，鼓励金融机构在辖区内设立总部或者区域总部。

第二十四条　县级以上地方人民政府及其有关部门应当通过引进、培育、整合等方式，加快发展征信、信用评级、资产评估、保险代理和经纪、融资仓储以及会计、审计、法律等中介服务组织。

第二十五条　县级以上地方人民政府应当鼓励地方金融组织进行技术、服务、管理等方面的创新，完善金融创新激励和风险防控机制。

第二十六条　县级以上地方人民政府应当引导地方金融组织对小微企业和农业、农村、农民经济发展提供金融支持，加大对贫困地区的金融支持力度。

第二十七条　省人民政府地方金融主管部门应当加强金融信用环境建设，组织建立地方金融组织信息综合服务平台，与省社会信用信息平台、企业信用信息公示系统互联互通，构建守信激励和失信联合惩戒机制。

第二十八条　县级以上地方人民政府应当制定金融人才培养引进计划和奖励政策，并在落户、居住、子女教育、医疗等方面提供便利。

第四章　风险防范

第二十九条　县级以上地方人民政府应当制定地方金融风险突发事件应急预案和防范处置方案，建立金融信息共享、风险处置等协作机制，承担防范和处置地方金融风险责任。

第三十条　省人民政府地方金融主管部门应当建立地方金融组织信息公示制度，公布并定期更新地方金融组织名单以及相关行政许可和备案等信息。

第三十一条　省人民政府地方金融主管部门和市（州）、县（市、区）人民政府确定的负责地方金融工作的机构应当加强与所在地中央金融管理部门派出机构的信息沟通和协调，提高金融风险防范处置能力。

第三十二条　省人民政府地方金融主管部门和市（州）、县（市、区）人民政府确定的负责地方金融工作的机构在履行监督管理职责中可以采取下列措施：

（一）询问地方金融组织的工作人员，要求其对有关检查事项作出说明；

（二）查阅、复制与检查事项有关的文件、资料，对可能被转移、隐匿或者毁损的文件、资料、电子设备等先行登记保存；

（三）检查地方金融组织的计算机信息管理系统；

（四）对地方金融组织的董事、监事、高级管理人员等进行约谈和风险提示；

（五）法律、行政法规规定的其他措施。进行现场检查，检查人员不得少于两人，并应当出示合法证件和检查通知书。检查结束后应当依法形成检查记录并存档。

地方金融组织及其工作人员应当予以配合，不得拒绝、阻碍现场检查和调查取证。

第三十三条 省人民政府地方金融主管部门和市（州）、县（市、区）人民政府确定的负责地方金融工作的机构发现地方金融组织存在可能引发金融风险的隐患的，应当对其重点监控，进行风险提示；对已经形成金融风险，严重影响金融秩序和金融稳定的，应当按照规定程序及时报告。省人民政府地方金融主管部门可以责令地方金融组织暂停相关业务，采取查封、扣押地方金融组织经营活动相关的电子信息设备及存储介质、财务账簿、会计凭证、档案资料等措施。

地方金融组织应当及时采取措施，消除风险隐患，妥善处理金融风险，并逐级向省人民政府地方金融主管部门报告有关情况。经省人民政府地方金融主管部门验收通过之日起三日内解除前款规定的有关措施。

第三十四条 省人民政府地方金融主管部门应当运用大数据等现代信息技术手段，统筹建立全省统一的地方金融风险监测预警系统，实现地方金融监管信息共享，维护地方金融安全。

第三十五条 任何单位和个人不得非法吸收公众存款、擅自发行有价证券，或者以其他方式从事非法金融活动；不得以广告、公开劝诱或者变相公开宣传的方式，向社会不特定对象承诺或者变相承诺，对投资收益或者投资效果作出保本、高收益或者无风险等保证。

广播、电视、报刊、网络等媒体发布金融类广告，应当依法查验广告主或者广告经营者的相关证明文件，核实广告内容，不得发布涉嫌非法集资、金融诈骗、金融虚假广告的信息。

第三十六条 县级以上地方人民政府及其有关部门应当建立非法金融活动举报制度，及时处理投诉和举报。

任何单位和个人有权对非法金融活动进行投诉和举报。

第五章　法律责任

第三十七条　违反本条例规定的行为，法律、法规已规定法律责任的，从其规定。

第三十八条　违反本条例规定，国家工作人员在地方金融监督管理工作中滥用职权、玩忽职守、徇私舞弊的，依法给予处分；构成犯罪的，依法追究刑事责任。

第三十九条　违反本条例第十条规定，地方金融组织未以显著方式和通俗易懂的语言文字如实向消费者和投资者披露可能影响其决策的信息和充分提示风险的，由省人民政府地方金融主管部门责令限期改正；逾期拒不改正的，责令停业，并处十万元以上四十万元以下的罚款。

第四十条　违反本条例第十一条规定，地方金融组织未按照要求建立业务规则和管理制度的，由省人民政府地方金融主管部门责令限期改正；逾期拒不改正的，处五万元以上二十万元以下的罚款；情节严重的，责令停业。

第四十一条　违反本条例第十二条规定，地方金融组织未按照要求报送业务情况、财务会计报告、风险事件情况等重大事项的，由省人民政府地方金融主管部门责令限期改正，处五万元以上二十万元以下的罚款；逾期拒不改正的，责令停业。

第四十二条　违反本条例第三十二条规定，地方金融组织及其有关人员拒绝、阻碍现场检查和调查取证的，由省人民政府地方金融主管部门责令改正；拒不改正的，处二万元以上十万元以下的罚款。

第四十三条　违反本条例第三十五条规定，有下列情形之一的，依照有关法律、法规规定给予处罚；构成犯罪的，依法追究刑事责任：

（一）非法吸收公众存款、擅自发行有价证券，或者以其他方式从事非法金融活动的；

（二）以广告、公开劝诱或者变相公开宣传的方式向社会不特定对象承诺或者变相承诺，对投资收益或者投资效果作出保本、高收益或者无风险等保证的；

（三）广播、电视、报刊、网络等媒体发布非法集资、金融诈骗、金融虚假广告信息的。

第四十四条 依照本条例规定对地方金融组织给予行政处罚的，根据具体情形，省人民政府地方金融主管部门可以同时对负有直接责任的股东、董事、监事、高级管理人员和其他直接责任人员给予警告，并处五万元以上二十万元以下的罚款；情节严重的，并处二十万元以上五十万元以下的罚款；构成犯罪的，依法追究刑事责任。

第六章 附 则

第四十五条 本条例自 2019 年 7 月 1 日起施行。

天津市地方金融监督管理条例

（2019 年 5 月 30 日天津市第十七届人民
代表大会常务委员会第十一次会议通过）

目 录

第一章 总 则

第一章　总　则

第一条为了加强地方金融监督管理，防范和化解金融风险，促进金融健康发展，根据有关法律、行政法规，结合本市实际情况，制定本条例。

第二条在本市行政区域内从事金融业务的地方金融组织和从事金融监管活动的地方金融监督管理部门以及相关单位和个人，应当遵守本条例。

本条例所称地方金融组织，是指本市行政区域内的小额贷款公司、融资担保公司、区域性股权市场、典当行、融资租赁公司、商业保理公司、地方资产管理公司等国家授权本市监督管理的开展金融业务活动的组织。

国家对地方金融监管另有规定的，从其规定。

第三条地方金融监督管理应当遵循积极稳妥、安全审慎的原则，坚持促进发展与防范风险相结合，积极引导地方金融组织合法合规经营，保持地方金融安全、高效、稳健运行。

第四条市人民政府应当加强对地方金融工作的组织领导，依法履行地方金融监督管理职责，建立健全地方金融监督管理体制机制，协调解决地方金融监督管理有关重大事项，防范和化解重大金融风险。

区人民政府应当加强对本行政区域内地方金融工作的组织领

导，按照职责履行属地金融风险防范和处置责任。

第五条 市地方金融监督管理部门负责对本市行政区域内地方金融组织实施监督管理，承担地方金融组织风险处置责任，负责防范和化解地方金融风险。

发展改革、公安、财政、商务、审计、市场监督管理、国有资产监督管理等有关部门按照各自职责做好相关工作。

第六条 地方金融组织开展业务活动，应当遵守法律法规，审慎经营，诚实守信，风险自担，不得损害国家利益、社会公共利益和他人合法权益。

第七条 本市推进金融创新运营示范区建设，实施金融发展相关扶持政策，支持引进金融机构和金融人才，鼓励金融创新，增强金融服务实体经济能力，促进中国（天津）自由贸易试验区金融改革创新和京津冀协同发展。

第八条 鼓励地方金融组织依法建立行业自律组织，发挥服务、协调和行业自律作用，引导地方金融组织合法经营，公平竞争。

第九条 报刊、广播、电视及网络媒体应当加强金融法律、法规以及有关知识的公益宣传和舆论监督，提高公众金融知识水平和风险防范意识，营造良好的金融发展环境。

第十条 鼓励单位和个人对非法金融活动进行投诉和举报。经查证属实的，由市地方金融监督管理部门按照规定给予奖励。

第二章 地方金融组织

第十一条 地方金融组织的设立、变更、终止，应当按照国家有关规定办理相关批准、授权、备案等手续。

国家规定须经市地方金融监督管理部门批准方可设立的地方金融组织，由市地方金融监督管理部门依据法律、行政法规颁发经营许可证。

未经批准、授权或者备案，任何单位或者个人不得从事或者变相从事地方金融组织业务活动。

第十二条　地方金融组织应当具有适合经营要求的业务、财务信息系统，按照规定向市地方金融监督管理部门报送真实的经营报告、财务报告、注册会计师出具的年度审计报告及相关经营信息等文件和资料。

第十三条　地方金融组织应当建立健全金融消费者和投资者适当性制度，将合适的金融产品和服务推介给适当的消费者和投资者。

地方金融组织在提供金融产品和服务时，应当以通俗易懂的语言、文字或者图表，真实、准确、完整地向消费者或者投资者提供信息、提示风险，不得有虚假记载和误导性陈述。

第十四条　小额贷款公司开展贷款业务应当按照小额、分散原则，遵守国家关于贷款额度、利率限制的规定，建立健全贷款管理制度，明确贷前调查、贷时审查和贷后检查业务流程和操作规范。鼓励小额贷款公司为农户和微型企业提供信贷服务。

小额贷款公司不得从事任何形式的集资、吸收存款或者变相吸收存款等违反国家规定的活动。

第十五条　融资担保公司开展业务活动应当以支持普惠金融发展、促进资金融通为导向，建立健全融资担保项目评审、担保后管理、代偿责任追偿等业务规范以及风险管理等内部控制制度。

融资担保公司不得从事吸收存款或者变相吸收存款、自营贷款或者受托贷款、受托投资以及违反国家规定的其他活动。

第十六条　区域性股权市场为本市行政区域内中小微企业证券非公开发行、转让及相关活动提供设施与服务，应当进行风险监测、评估、预警和处置，防范和化解市场风险。鼓励区域性股权市场在合法合规、风险可控前提下，开展业务、产品、运营模式和服务方式创新，为中小微企业提供多样化、个性化服务。

区域性股权市场不得采用公开或者变相公开方式发行证券，不得采取集中竞价、连续竞价、做市商等集中交易方式进行证券转让以及从事违反国家规定的其他活动。

第十七条典当行应当按照平等、自愿、诚信、互利原则开展业务活动，确保当票使用、当物管理、绝当物品处理合法合规，典当流程完整、规范，各项收费符合有关规定。

典当行不得收当国家禁止收当的财物，不得在当期内出租、质押、抵押和使用当物以及从事违反国家规定的其他活动。

第十八条融资租赁公司开展业务活动应当确保租赁物权属清晰、真实存在且能够产生收益权，建立完善的内部风险控制体系，形成良好的风险资产分类管理、承租人信用评估、事后追偿和处置制度以及风险预警机制。鼓励和引导融资租赁公司对中小微企业提供融资支持。

融资租赁公司不得从事吸收存款、发放贷款、受托发放贷款等金融业务，不得借融资租赁的名义开展非法集资活动以及从事违反国家规定的其他活动。

第十九条商业保理公司应当建立与开展保理业务相应的管理制度，健全业务流程和操作规范，确保风险资产符合规定、应收账款初始权属清晰确定、历次转让凭证完整，防范发生经营风险。

商业保理公司不得专门从事或者受托开展催收业务，不得从事吸收存款、发放贷款以及违反国家规定的其他活动。

第二十条地方资产管理公司按照国家规定开展对金融企业不良资产的批量收购、处置等业务，应当遵循市场化、法治化原则，防范和化解区域金融风险，维护金融秩序，支持实体经济发展。

地方资产管理公司不得为银行业金融机构规避资产质量监管提供通道，不得约定各种形式的实质上由受托方承担清收保底义务的条款，不得借收购不良债权、资产名义为企业或者项目提供融资以及从事违反国家规定的其他活动。

第二十一条　地方金融组织由于解散、被依法宣告破产等原因终止的，应当依法组织清算，对相关业务承接以及债务清偿作出明确安排，接受市地方金融监督管理部门的监督。

第三章　监督管理

第二十二条　市地方金融监督管理部门应当建立地方金融组织分类监管制度，根据地方金融组织的经营范围、经营规模、管理水平、内控机制、风险状况等，确定对其检查的频率、范围和需要采取的其他措施。

第二十三条　市地方金融监督管理部门应当对地方金融组织的业务活动及其风险状况进行非现场监管，充分运用大数据、云计算等现代信息技术，加强监管信息的汇聚和共享，做好实时监测、统计分析、风险预警和评估处置等工作。

第二十四条　市地方金融监督管理部门根据监管工作需要，经其负责人批准，可以采取下列方式对地方金融组织的业务活动及其风险状况进行现场检查：

（一）进入地方金融组织进行检查；

（二）询问地方金融组织的有关人员，要求其对有关检查事项如实说明；

（三）检查地方金融组织相关计算机信息管理系统；

（四）查阅、复制与检查事项有关的文件、资料，对可能被转移、隐匿或者损毁的文件、资料、电子设备予以登记保存。

现场检查人员不得少于两人，并应当出示合法证件和检查通知书。地方金融组织应当配合市地方金融监督管理部门进行检查，不得拒绝、阻碍依法实施的监督检查。

第二十五条 市地方金融监督管理部门应当对地方金融组织的董事、监事、高级管理人员进行相关法律法规、政策和专业知识的培训，提高其合法合规经营的能力和水平。

第二十六条 市地方金融监督管理部门应当根据监管工作需要，就地方金融组织业务活动和风险管理的重大事项，及时与地方金融组织的股东、董事、监事、高级管理人员进行监督管理谈话和风险提示。

第二十七条 市地方金融监督管理部门应当按照规定将地方金融组织相关信用信息纳入市场主体信用信息公示系统和信用信息共享平台，对失信的地方金融组织及相关人员实施联合惩戒。

第二十八条 市地方金融监督管理部门应当加强对本市投资公司、开展信用互助的农民专业合作社、社会众筹机构、民间借贷、新型农村合作金融组织等的引导和规范，统筹加强对权益类交易场所的监管。

第二十九条 市地方金融监督管理部门及其工作人员对于在监督管理工作中知悉的国家秘密、商业秘密和个人隐私，应当保密。

第四章　风险防控

第三十条 市和区人民政府应当建立金融风险防范和处置工作机制，制定地方金融风险突发事件应急预案，及时稳妥处置金融风险。

第三十一条 市地方金融监督管理部门应当制定地方金融组织

风险突发事件应急预案，明确处置机构和人员及其职责、处置措施和处置程序，及时有效处置突发事件。

第三十二条地方金融组织相关业务活动可能引发或者已经形成重大金融风险的，应当及时向市地方金融监督管理部门报告有关情况，并及时采取措施，消除隐患，处置风险。

地方金融组织相关业务活动可能引发或者已经形成重大金融风险的，任何单位和个人发现后有权告知市地方金融监督管理部门。

对地方金融组织相关业务活动可能引发或者已经形成的重大金融风险，市地方金融监督管理部门应当及时处置。需要其他部门配合的，相关部门应当予以配合。

第三十三条国家金融监管部门监督管理的金融机构，其业务活动可能引发或者已经形成重大金融风险的，市地方金融监督管理部门应当协调有关部门协助国家金融监管部门派出机构开展风险处置相关工作。

第三十四条任何单位和个人不得非法吸收公众存款、擅自发行有价证券，或者以其他方式从事非法金融活动；不得以广告、公开劝诱或者变相公开宣传的方式，向社会不特定对象、超过法律规定数量的特定对象承诺或者变相承诺，对投资收益或者投资效果作出保本、高收益或者无风险等保证。

市和区人民政府应当做好本行政区域内非法金融活动的风险监测预警和处置工作。

市地方金融监督管理部门应当会同公安、市场监督管理等有关部门依法打击非法金融活动，防范和处置非法集资。

第三十五条对可能引发或者已经形成的金融风险，国家未明确风险处置责任单位的，由风险发生地的区人民政府负责组织、协调有关部门开展风险处置相关工作，并及时报告市地方金融监督管理部门。

对可能引发或者已经形成的全市范围内的重大金融风险，市人民政府应当及时协调处理。

第五章　法律责任

第三十六条未经批准或者授权设立地方金融组织或者从事地方金融组织业务活动的，由市地方金融监督管理部门依法予以取缔或者责令停止经营，处五十万元以上一百万元以下的罚款，并没收违法所得。

第三十七条地方金融组织变更相关事项，未按照国家有关规定办理批准、授权或者备案等手续的，由市地方金融监督管理部门责令限期改正；逾期不改正的，处五万元以上十万元以下的罚款；情节严重的，处十万元以上二十万元以下的罚款，责令停业整顿。

第三十八条地方金融组织未按照规定报送经营报告、财务报告、注册会计师出具的年度审计报告及相关经营信息等文件和资料，或者未报告其发生的重大金融风险情况的，由市地方金融监督管理部门责令限期改正，处五万元以上二十万元以下的罚款；逾期不改正的，责令停业整顿，情节严重的，吊销其经营许可证。

第三十九条地方金融组织有下列情形之一的，由市地方金融监督管理部门责令限期改正，处二十万元以上五十万元以下的罚款；逾期不改正的，责令停业整顿，情节严重的，吊销其经营许可证：

（一）拒绝、阻碍市地方金融监督管理部门依法实施监督检查的；

（二）向市地方金融监督管理部门提供虚假的经营报告、财务报告、注册会计师出具的年度审计报告及相关经营信息等文件、资料的。

第四十条依照本条例规定对地方金融组织处以罚款的，根据具体情形，可以同时对负有直接责任的董事、监事、高级管理人员给予警告，处五万元以上二十万元以下的罚款；情节严重的，处二十万元以上五十万元以下的罚款。

第四十一条 违反本条例规定，构成违反治安管理行为的，依照《中华人民共和国治安管理处罚法》，由公安机关予以治安处罚；构成犯罪的，依法追究刑事责任。

第四十二条 市和区人民政府相关部门的工作人员在地方金融监督管理工作中贪污受贿、徇私舞弊、滥用职权、玩忽职守的，依法给予处分；构成犯罪的，依法追究刑事责任。

第四十三条 违反本条例规定的行为，法律、行政法规已规定法律责任的，从其规定。

第六章 附 则

第四十四条 本条例自 2019 年 7 月 1 日起施行。

参考文献

一　著作类

谭波：《央地财权、事权匹配的宪法保障机制研究》，社会科学文献出版社，2018。

应松年：《行政法与行政诉讼法学》，高等教育出版社，2017。

王利明：《民法总则》，中国人民大学出版社，2017。

张红：《证券行政法专论》，中国政法大学出版社，2017。

姜明安：《行政法与行政诉讼法》（第六版），北京大学出版社，2015。

刘刚、李冬君：《中国近代的财与兵》，山西出版传媒集团、山西人民出版社，2014。

薛刚凌：《中央与地方争议的法律解决机制研究》，中国法制出版社，2013。

李良雄、王琳雯：《金融法》，人民邮电出版社，2013。

吴弘：《金融法律评论》（第三卷），中国法制出版社，2012。

潘波：《银行业监管权研究——行政法语境下的理论与实践》，中国法制出版社，2012。

李嘉娜：《市政公用事业监管的行政法研究》，中国政法大学出版社，2012。

华莱士·E.奥茨：《财政联邦主义》，陆符嘉译，译林出版社，2012。

邓晓霞：《中印农村金融体系比较》，西南财经大学出版社，2011。

〔英〕克里斯托弗·胡德：《监管政府》，陈伟译，生活·读书·新知三联书店，2009。

宋华琳、傅蔚冈主编《规制研究》第 2 辑，格致出版社、上海人民出版社，2009。

李扬、陈文辉：《国际保险监管核心原则——理念、规则及中国实践》，经济管理出版社，2006。

薛波：《元照英美法词典》，法律出版社，2003。

中国社会科学院语言研究所词典编辑室辑《现代汉语词典》（汉英双语，2002 年增补本），外语教学与研究出版社，2002。

Courtis N. ，*How Countries Supervise Their Banks*，*Insurers and Securities Markets*，Central Banking Publications，Freshfields，1999.

中国科学院语言研究所词典编辑室编《现代汉语词典》（试用本），商务印书馆，1973。

二 论文类

（一）国内学术期刊、论文

冯辉：《公共产品供给型监管：再论金融监管的理念变革与法制表达》，《政治与法律》2018 年第 12 期。

李东方：《证券监管执法类型及其规范研究》，《行政法学研究》2018 年第 6 期。

彭冰：《反思互联网金融监管》，《金融博览》2018 年第 12 期。

苏宇：《区块链治理之现状与思考：探索多维价值的复杂平衡》，《中国法律评论》2018 年第 6 期。

赵磊：《论比特币的法律属性——从 HashFast 管理人诉 Marc Lowe 案谈起》，《法学》2018 年第 4 期。

袁一绮、张旭东：《P2P 网贷中集资诈骗罪的司法认定——基于 28 个案件的实证分析》，《金融法苑》2018 年第 98 辑。

郭雳：《中国式影子银行的风险溯源与监管创新》，《中国法学》（文摘）2018 年第 3 期。

杨东：《针对当前现金贷行业的监管建议》，《财经界》2018 年第 1 期。

汪天都：《传统监管措施能够限制金融市场的波动吗？》，《金融研究》2018 年第 9 期。

谭波：《"网约车"市场监管及其行政法追问》，《河南工业大学学报》（社会科学版）2017 年第 3 期。

刘志伟：《地方金融监管分权：协同缺失与补正路径》，《上海金融》2017 年第 1 期。

朱慈蕴：《中国影子银行：兴起、本质、治理与监管创新》，《清华法学》2017 年第 6 期。

侯东德、薄萍萍：《证券服务机构 IPO 监督机制研究》，《现代法学》2016 年第 6 期。

袁开宇：《中国金融监管模式的选择》，《中国法律评论》2017 年第 2 期。

袁开宇：《"一行三会"要合并？中国金融监管改革探析》，《中国法律评论》2017 年第 2 期。

王志成：《金融创新与改革需要强监管做保障》，《审计观察》2017 年第 2 期。

唐应茂：《中央和地方关系视角中的金融监管——从阿里小贷谈起》，《云南社会科学》2017 年第 5 期。

章武生：《美国证券市场监管的分析与借鉴》，《东方法学》2017 年第 2 期。

叶文辉：《英国"监管沙箱"的运作机制及对我国互联网金融监管的启示》，《金融发展评论》2017 年第 4 期。

边卫红、单文：《Fintech 发展与"监管沙箱"——基于主要国家的比较分析》，《金融监管研究》2017 年第 7 期。

吴凌翔：《金融监管沙箱试验及其法律规制国际比较与启示》，《金融发展研究》2017 年第 10 期。

柴瑞娟：《监管沙箱的域外经验及其启示》，《法学》2017 年第 8 期。

杨莉萍：《互联网金融监管路径之探析》，《信阳师范学院学报》（哲学社会科学版）2017 年第 2 期。

马向荣：《公共管理视角下中央与地方金融监管权责划分》，《西南金融》2017 年第 3 期。

艾米丽·哈蒙德：《行政法中的"双重顺从"——美国自主规制机构监管问题研究》，《哥伦比亚法学评论》2016 年第 7 期。

郭德香、李海东：《金融改革背景下我国地方金融监管模式研究》，《郑州大学学报》（哲学社会科学版）2016 年第 5 期。

王俊：《金融分权演变研究：基于机构、市场与监管视角》，《金融理论与实践》2016 年第 10 期。

郭峰：《政府干预视角下的地方金融：一个文献综述》，《金融评论》2016 年第 3 期，第 75 页。

刘志伟：《地方金融监管权的理性归位》，《法律科学》2016 年第 5 期。

陈道富：《我国地方金融监管的现状与问题》，《重庆理工大学学报》（社会科学版）2016 年第 11 期。

孙天琦：《次贷危机后英国为什么抛弃金管会模式》，《清华金融评论》2016 年第 1 期。

徐文德、殷文哲：《英国金融行为监管局"监管沙箱"主要内容及对互联网金融的启示》，《金融监管》2016年第11期。

史炜、瞿亢、侯振博：《英国金融统一监管的经验以及对中国金融监管体制改革的建议》，《国际金融》2016年第7期。

白斌：《方枘圆凿：社科法学对法教义学的攻击》，《宪道》2016年第6期。

蓝虹、穆争社：《英国金融监管改革：新理念、新方法、新趋势》，《南方金融》2016年第9期。

段志国：《我国金融监管权的纵向配置：现状、问题与重构》，《金融理论与教学》2015年第3期。

杨同宇：《金融权力配置的法治化——以我国中央和地方金融监管权配置为中心的考察》，《财政监督》2015年第13期。

云韧：《经济新常态下地方政府金融办职能探索》，《武汉金融》2015年第7期。

吴维海：《构建依法运作、协同监管的地方金融办运作机制》，《海南金融》2015年第8期。

段志国：《我国金融监管权的纵向配置：现状、问题与重构》，《哈尔滨金融学院学报》2015年第3期。

彭岳：《美国金融监管法律域外管辖的扩张及其国际法限度》，《环球法律评论》2015年第6期。

段志国：《金融监管权的纵向配置：理论逻辑、现实基础与制度建构》，《苏州大学学报》（哲学社会科学版）2015年第4期。

杜颖、马紫璇、张晶：《晋商票号经营对金融业监管的借鉴与启示》，《北方经贸》2015年第6期。

孙国峰、贾君怡：《中国影子银行界定及其规模测算——基于信用货币创造的视角》，《中国社会科学》2015年第11期。

李有星:《民间金融监管协调机制的温州模式研究》,《社会科学》2015 年第 4 期。

刘晶明:《网络借贷平台视角下我国网络金融的法律风险与规制》,《法学杂志》2015 年第 9 期。

白晨航:《影子银行的风险与法律监管:中国概念与美国经验》,《河北法学》2015 年第 4 期。

谭波:《论司法权的事权属性及其启示》,《山东科技大学学报》(社会科学版)2015 年第 1 期。

周春喜、黄星澍:《地方金融的监管逻辑及规范路径》,《浙江工商大学学报》2014 年第 5 期。

李凌:《论双层监管体制下小微金融监管制度创新》,《中南财经大学学报》2014 年第 3 期。

潘海燕:《对地方政府金融办职能演变及改革发展的调查与思考——以安庆市为例》,《财经界》(学术版)2014 年第 11 期。

岳彩申:《互联网金融监管的法律难题及其对策》,《中国法律》2014 年第 3 期。

陈晨:《地方金融监管体制改革路径研究——以山东省为例》,《山东经济战略研究》2014 年第 10 期。

刘迎霜:《论我国中央银行金融监管职能的法制化——以宏观审慎监管为视角》,《当代法学》2014 年第 3 期。

王文剑:《金融监管分权:一个无法绕开的话题》,《企业观察家》2014 年第 1 期。

董世坤:《中央与地方金融权力配置研究》,《经济法论丛》2014 年第 1 期。

张晓艳:《2008 年金融危机后美国、英国和欧盟金融监管体制的改革经验》,《清华金融评论》2014 年第 5 期。

潘宏晶、吕庆明：《地方政府金融办职能定位问题研究》，《西部金融》2014年第1期。

杨子强：《完善地方金融监管体制》，《中国金融》2014年第5期。

中国人民银行九江市中心支行课题组：《立法规范地方政府金融管理职责的思考》，《武汉金融》2013年第4期。

杨东：《市场型间接金融：集合投资计划统合规制论》，《中国法学》2013年第2期。

高田甜：《基于金融消费者保护视角的英国金融监管改革研究》，《经济社会体制比较》2013年第3期。

陈冀、张伟：《美国双层金融监管模式分析与借鉴》，《浙江金融》2013年第2期。

〔美〕希拉·拜尔：《存款保险守护"小人物"》，《中国改革》2013年第12期。

廖凡、张怡：《英国金融监管体制改革的最新发展及其启示》，《金融监管研究》2012年第2期。

周逢民：《中央与地方政府金融监管模式选择》，《金融发展评论》2012年第5期。

黄志强：《英国金融监管改革新架构及其启示》，《国际金融评论》2012年第5期。

刘洋：《分业监管的困境与出路》，《山西财税》2011年第3期。

陈斌彬：《危机后美国金融监管体制改革述评——多边监管抑或统一监管》，《法商研究》2010年第3期。

罗培新：《美国金融监管的法律与政策困局之反思——兼及对我国金融监管之启示》，《中国法学》2009年第3期。

张金艳：《论我国金融监管协调机制的完善》，《浙江金融》2009年第7期。

李长春:《德国金融监管一体化模式变革及其启示》,《湖北社会科学》2008 年第 4 期。

高元:《美国证券监管模式对我国证券监管的启示》,《统计与咨询》2008 年第 1 期。

肖筱林、舒晓兵:《从"分业监管"到"混业监管"——德国金融监管体制的变迁》,《生产力研究》2008 年第 12 期。

黄德权、苏国强:《从金融分业监管向混业监管的新模式》,《经济导刊》2007 年第 6 期。

中国人民银行西安分行金融研究处:《对部分省(市、区)设立金融服务办公室的调查与思考》,《西安金融》2006 年第 11 期。

宋标、徐丹丹:《混业经营下的银行监管问题与模式选择》,《安徽师范大学学报》(人文社会科学版)2005 年第 2 期。

刘云:《台湾金融体系的组织架构》,《中国金融》2004 年第 3 期。

(二) 国内报纸类

傅苏颖:《银保监会挂牌后首个文件出台剑指融资杠杆》,《证券日报》2018 年 4 月 10 日。

钱箐旎:《银监会开出上亿元罚单下猛药才能除顽疾》,《经济日报》2018 年 1 月 23 日。

钱箐旎:《银监会开出今年第二张过亿罚单邮储等 12 家银行被罚 2.95 亿元》,《经济日报》2018 年 1 月 28 日。

辛省志:《降低杠杆化解风险》,《南方周末》2018 年 1 月 25 日。

王晓:《防范系统性金融风险大咖会诊:需加强监管统筹设专门部门监测》,《21 世纪经济报道》2018 年 4 月 13 日。

宋易康:《银保监会:既要避免"一刀切"惜贷也要避免"一哄而上"送贷》,《第一财经日报》2018 年 12 月 8 日。

吴敏：《保监会：资产负债管理监管规则即日起试运行　对从 C、D 两类公司实施针对性监管》，《华夏时报》2018 年 3 月 1 日。

丁国锋、罗莎莎：《证监会专题探讨投资者民事损害赔偿救济法律制度完善》，《法制日报》2018 年 8 月 25 日。

伍欣：《全球瞩目中国进入"两会时间"》，《参考消息》2018 年 3 月 3 日，第 1 版。

蒋牧云：《银保监会二定方案终落地内部调整引关注》，《国际金融报》2018 年 8 月 27 日。

曹一：《银监会挥利剑》，《南方周末》2018 年 1 月 25 日。

李珍、赵觉程：《虚拟货币被盗，日本交易所要赔》，《环球时报》2018 年 1 月 29 日。

郭晨琦：《屋漏偏逢连夜雨，比特币两个月内市值蒸发过半》，《第一财经日报》2018 年 2 月 2 日。

王伟凯：《挖矿世界的权力游戏》，《南方周末》2018 年 3 月 1 日。

陈利浩：《区块链和"自由人的联合体"》，《南方周末》2018 年 4 月 19 日。

汤海帆：《比特币遭遇全球监管风暴》，《法制晚报》2018 年 2 月 7 日。

徐昭：《新版证券期货市场诚信监督管理办法发布》，《中国证券报》2018 年 3 月 31 日。

Alexander Lipton，Alex Pentland：《数字货币让银行消失?》，《南方周末》2018 年 1 月 25 日。

二階堂遼馬：《580 億円消失、コインチェックの「問題姿勢」》，《週刊東洋経済》，東洋経済新報社，2018，1/27 号。

张玥、毛可馨：《银行怎么玩投资?》，《南方周末》2018 年 1

月 25 日。

李华珍：《金融体系深化改革的重点》,《光明日报》2017 年 4 月 11 日。

孙璐璐：《银监会开展"三套利"整治或迎来监管"大年"》,《证券时报》2017 年 4 月 12 日。

董亚雪：《比特币这是要合法化的节奏? 可能遭遇监管元年》,《北京青年报》2017 年 1 月 17 日。

吕锦明：《互金协会: 比特币缺乏明确价值基础》,《中国证券报》2017 年 9 月 14 日。

狄刚：《基于共识机制的共享大账簿》,《光明日报》2017 年 6 月 25 日。

吴晓求：《中国金融业进入重大历史转型期》,《经济参考报》2017 年 7 月 26 日。

马英娟：《新时代行政法学研究的任务》,《中国社会科学报》2017 年 11 月 24 日。

日本经济新闻：《中国进一步加强资本监管》,《参考消息》2017 年 2 月 3 日。

朱迅垚：《整顿金融乱象进入深水区》,《南方周末》2017 年 3 月 2 日。

温源：《金融科技给监管体系带来三大挑战》,《光明日报》2017 年 6 月 20 日。

周小川：《守住不发生系统性金融风险的底线》,《人民日报》2017 年 11 月 22 日。

黄金萍、李广林：《鲜言, 一个变身资本玩家的律师》,《南方周末》2017 年 3 月 2 日。

伍聪：《第四次金融浪潮与中共机遇》,《光明日报》2017 年 4

月 18 日。

韩玉姝、张春华、李栋：《金融改革助力"去产能"》，《光明日报》2017 年 5 月 9 日。

詹庆生：《透过"病叶"问"病树"》，《北京青年报》2016 年 3 月 11 日。

王兆寰：《证监会重拳监管宝盈基金等 12 家机构受罚》，《华夏时报》2016 年 4 月 16 日。

马德兴：《9.53 亿！足球角度看恒大 2015 年度报告全中超的一盆冷水》，《体坛周报》2016 年 4 月 21 日。

王勤伯：《恒大双冠巨亏 9.53 亿莱斯特夺冠 0 奖金》，《体坛周报》2016 年 4 月 21 日。

尹中卿：《建议合并"三会"组建监管局金融监管不能"老子管儿子"》，《东方今报》2016 年 3 月 12 日。

冯叶、谢非、吴小飞：《晋煤告急：收编大批民营煤企，如今万亿巨债缠身》，《南方周末》2016 年 4 月 21 日。

裴艳：《宁夏金融办更名为金融工作局调整为自治区政府直属机构》，《新消息报》2015 年 11 月 28 日。

《说说"影子银行"》，《京西时报》2015 年 3 月 18 日。

王秀强：《能源管理应从经济性监管向社会监管转变》，《21 世纪经济报道》2013 年 3 月 12 日。

（三）国内时政杂志

张弛：《赖小民香江旧事》，《凤凰周刊》2019 年第 1 期。

胡越：《虚拟货币全球监管风暴》，《凤凰周刊》2018 年第 7 期。

曹蓓：《传销升级：突破人性底线的新"马甲"》，《凤凰周刊》2018 年第 15 期。

陈劲松、王莹莹：《加密货币出海记：在东南亚放飞自我，在硅谷接受拷问》，《看天下》2018 年第 11 期。

曹蓓：《中国官版数字货币态度积极　虚拟货币市场难赢政策拐点》，《凤凰周刊》2018 年第 12 期。

王梓辉：《虚拟货币之后，区块链下一步何处去?》，《三联生活周刊》2018 年第 67 期。

曹蓓：《EOS 超级节点竞选狂欢区块链史上重要时点到来》，《凤凰周刊》2018 年第 17 期。

许石慧：《法律视野中的社会性监管》，《电业政策研究》2006 年第 8 期。

尹洁：《叶大清："金融创新让中国弯道超车"》，《环球人物》2018 年第 4 期。

杨露：《银保监合并：监管改革的正本清源》，《南风窗》2018 年第 8 期。

何子维：《现金贷，一门备受质疑的生意》，《南风窗》2017 年第 23 期。

李航：《美联储大换血，独立性堪忧》，《南风窗》2018 年第 3 期。

《"大部制"、"国际范儿"、"超级机构"：国务院再改革》，《看天下》2018 年第 8 期。

尹洁：《叶大清："金融创新让中国弯道超车"》，《环球人物》2018 年第 4 期。

谭保罗：《印度的中央集权为何失败?》，《南风窗》2017 年第 17 期。

谭保罗：《技术驱动金融，中国不用再模仿美国——专访蚂蚁金服首席战略官、长江商学院金融学教授陈龙》，《南风窗》2018 年第 5 期。

杨露：《银保监合并：监管改革的正本清源》，《南风窗》2018年第8期。

刘志一：《"宝万之争"：观察大政经周期的绝佳窗口》，《南风窗》2018年第11期。

张弛：《国务院机构改革方案解析》，《凤凰周刊》2018年第10期。

曹蓓：《网贷机构备案登记期限将至十年P2P的最后一公里》，《凤凰周刊》2018年第10期。

曹蓓：《变味的P2P爆雷潮》，《凤凰周刊》2018年第26期。

谢九：《严审IPO和注册制改革》，《三联生活周刊》2018年第6期。

臧正运、曾宛如、方嘉麟：《从区块链融资论众募规范趋势》，《月旦法学杂志》2018年第2期。

谭保罗：《改革开放，创新经济崛起的制度保证》，《南风窗》2018年第6期。

周纯：《信用卡巷战中的秘密》，《看天下》2018年第31期。

李晓芳、王莹莹：《唐小僧之后那些被卷入P2P"爆雷"潮的人和事》，《看天下》2018年第21期。

钟坚：《P2P怎么改革才能不再爆雷——专访浙江大学互联网金融研究院副院长李有星教授》，《凤凰周刊》2018年第26期。

《意外离世的持币者，你的私钥去哪儿了?》，《看天下》2018年第31期。

任重远：《安邦集团"罪与罚"》，《凤凰周刊》2018年第25期。

周天：《支付牌照买卖：扭曲的地下市场》，《看天下》2017年第5期。

戴国强：《金融改革不妨也列出"负面清单"》，《南风窗》

2017 年第 6 期。

黄逸宇：《香港证监会与港交所的权力"探戈"》，《凤凰周刊》2017 年第 35 期。

谭保罗：《打造新兴金融中心，广州如何发挥"后发优势"?》，《南风窗》2017 年第 8 期。

易宪容：《金融风险的症结是信用过度扩张》，《财经》2017 年第 12 期。

《2014～2016 全球比特币发展研究报告》，转引自曹蓓《是非比特币》，《凤凰周刊》2017 年第 29 期。

谭保罗：《证监会为何剑指"资本大鳄"?》，《南风窗》2017 年第 4 期。

俞燕、袁满：《保险监管亮剑》，《财经》2017 年第 5 期。

高善文：《有序去杠杆须加强监管协调》，《财新周刊》2017 年第 24 期。

谭保罗：《"保资产"大背景下的央行角色》，《南风窗》2017 年第 25 期。

谭保罗：《"项俊波时代"的保险业狂飙》，《南风窗》2017 年第 9 期。

谭保罗：《"辱母杀人案"背后被忽视的风险》，《南风窗》2017 年第 8 期。

张弛：《国务院经济部门换帅直面深改难题》，《凤凰周刊》2017 年第 8 期。

王刚：《后危机时代金融监管的"中国策"》，《瞭望》2017 年第 52 期。

谭保罗：《证监会主席还需要两位重要"盟友"》，《南风窗》2017 年第 14 期。

谭保罗：《为什么会有超级监管风暴？》，《南风窗》2017 年第 3 期。

周天：《支付牌照买卖：扭曲的地下市场》，《看天下》2017 年第 5 期。

张威、韩笑、龚奕洁等：《中国式"缩表"》，《财经》2017 年第 12 期。

尹洁：《"学者"唐宁：预见金融科技，遇见实体经济》，《环球人物》2017 年第 5 期。

河邑忠昭：《亲身体验中国的 IT 社会》，《凤凰周刊》2017 年第 27 期。

王力为、张宇哲、于达维：《数字货币革命》，《财新周刊》2017 年第 24 期。

《新一届发审委这个"杀手"有点冷》，《看天下》2017 年第 34 期。

玄铁：《A 股大变局：重拳出击散户市》，《南风窗》2017 年第 11 期。

俞燕、袁满：《保险监管亮剑》，《财经》2017 年第 5 期。

郭小扬：《金融反腐正步入深水区》，《南风窗》2017 年第 11 期。

谭保罗：《金融大整顿，激进与平衡》，《南风窗》2017 年第 11 期。

谭保罗：《民间的两块"表"关乎金融稳定》，《南风窗》2017 年第 11 期。

张墨宁：《资本管制是金融整顿的必要防火墙——专访中国社科院世界经济与政治研究所研究员张明》，《南风窗》2017 年第 11 期。

谭保罗：《"超级央行"与中国金融监管》，《南风窗》2016 年第 14 期。

谭保罗:《如何审视肖刚的监管"遗产"?》,《南风窗》2016年第12期。

尹洁:《证监会新掌门头三把火难烧》,《环球人物》2016年第3期。

张弛:《前证监会官员谈金融反腐》,《凤凰周刊》2016年第6期。

赵福帅:《银川抢占改革先发优势》,《凤凰周刊》2016年第2期。

覃爱玲:《财政改革,棋到中盘》,《南风窗》2016年第7期。

谭保罗:《供给侧改革需要哪种"哪些经验"?》,《南风窗》2016年第3期。

赵福帅:《防控系统性风险大陆拟重构金融监管体制》,《凤凰周刊》2016年第15期。

张纲纲:《德意志银行的内忧外患》,《南风窗》2016年第6期。

王新春:《出土文物媲美马王堆　江西考古之最海昏侯墓》,《国家人文历史》2015年第24期。

周兼明:《金融监管是推进国家治理现代化的核心》,《凤凰周刊》2015年第34期。

史英哲、张蕾:《监管股市,欧美各有招》,《环球人物》2015年第19期。

(四) 国内网络文献类

江帆、陆敏:《银保监会加大对外开放力度多项外资机构市场准入申请获批》,中国政府网,https://www.xjht.gov.cn/article/show.php?itemid=274553,最后访问日期:2018年12月22日。

傅宇:《德国涉加密货币增值税征收制度概览》,腾讯网,https：//xw. qq. com/amphtml/20181126B1VDB000，最后访问日期：2018 年 11 月 27 日。

王仁宏、曹昆：《银保监会：警惕以"虚拟货币""区块链"名义进行非法集资诈骗》，人民网，http：//finance. people. com. cn/GB/n1/2018/0824/c1004 - 30249658. html，最后访问日期：2018 年 8 月 29 日。

中国银行保险监督管理委员会：《银保监会发布〈中国银行保险监督管理委员会关于废止和修改部分规章的决定〉》，http：//www. cbrc. gov. cn/chinese/newShouDoc/1B951A0B52FE40B4A64E3EF695F03C22. html，最后访问日期：2018 年 8 月 24 日。

《一行三会勾勒金融任务图 多个"首次提出"引关注》，新华网，http：//www. xinhuanet. com/finance/2018 - 02/14/c_ 129807786_ 4. htm，最后访问日期：2018 年 2 月 24 日。

朱海就：《监管的三重境界》，凤凰网财经，http：//finance. ifeng. com/a/20180820/16459996_ 0. shtml，最后访问日期：2018 年 8 月 21 日。

中国证券监督管理委员会，http：//www. csrc. gov. cn/pub/newsite/zjjg/hfjgml/xqhfjgml/index. html，最后访问日期：2018 年 8 月 18 日。

徐琳：《RegTech 的起源及动因分析》，搜狐网，http：//www. sohu. com/a/145497435_ 774221，最后访问日期：2018 年 8 月 15 日。

中国银行保险监督管理委员会：《加强监管引领 打通货币政策传导机制 提高金融服务实体经济水平》，http：//www. cbrc. gov. cn/chinese/newShouDoc/F92A510E538D4FB4876F850121180FF9. html，最后访问日期：2018 年 8 月 12 日。

邓峰：《"穿透式"监管应慎用》，《财经年刊（2018：预测与战略）》，转引自 http：//www. sohu. com/a/216351949_ 803365，最后访问日期：2018 年 7 月 31 日。

《证监会深夜发布退市新规，剑指何人?》，凤凰网财经，http：//finance. ifeng. com/a/20180729/16412530_ 0. shtml，最后访问日期：2018 年 7 月 29 日。

《忠实米粉竟成 P2P 爆雷受害者，小米并一个不是旁观者》，搜狐网，http：//www. sohu. com/a/243194325_ 486088，最后访问日期：2018 年 7 月 25 日。

证监会：《中国证监会与中国人民银行联合发布〈关于进一步规范货币市场基金互联网销售、赎回相关服务的指导意见〉》，http：//www. csrc. gov. cn/pub/newsite/zjhxwfb/xwdd/201806/t20180601_ 339013. html，最后访问日期：2018 年 6 月 2 日。

中国证券监督管理委员会：《2017 年证监会监管执法情况综述》，http：//www. csrc. gov. cn/pub/newsite/zjhxwfb/xwdd/201805/t20180511_ 338037. html，最后访问日期：2018 年 5 月 12 日。

徐忠：《对"国务院机构改革方案"金融监管体制改革的解读》，"看懂经济"，https：//mp. weixin. qq. com/s/Ul7_ JgMNuyKxt0kxbE625Q，最后访问日期：2018 年 3 月 14 日。

中国证监会：《证监会发布 2017 年 IPO 保荐机构情况》，http：//www. csrc. gov. cn/pub/newsite/zjhxwfb/xwdd/201803/t20180309_ 335015. html，最后访问日期：2018 年 3 月 10 日。

《金融办》，百度百科，https：//baike. baidu. com/item/金融办/9209303？fr = aladdin，最后访问日期：2018 年 3 月 3 日。

韩昊辰：《国务院金融稳定发展委员会成立并召开第一次会议》，http：//www. gov. cn/xinwen/2017 – 11/08/content_ 5238161.

htm，最后访问日期：2018 年 2 月 8 日。

徐加爱：《坚定扛起党内监督的神圣使命　推进人民银行系统全面从严治党向纵深发展》，http：//www. ccdi. gov. cn/special/jwsjtth/201801/t20180129_ 162813. html，最后访问日期：2018 年 2 月 2 日。

卜永祥：《金融监管体制改革研究（2）问题与方向》，财新，http：//opinion. caixin. com/2016 – 02 – 23/100911617. html，最后访问日期：2018 年 1 月 31 日。

郭伟莹：《保监会新规：股东不得违法违规干预保险资金运用》，凤凰网财经，http：//finance. ifeng. com/a/20180129/15954049_ 0. shtml，最后访问日期：2018 年 1 月 29 日。

The Financial Commission，https：//financialcommission. org/zh – hans/what – we – do/，最后访问日期：2018 年 1 月 29 日。

赴日投资观察员：《无照经营或面临行政处分，这个日本第二大虚拟货币平台撒币 4. 23 亿美元》，http：//tech. ifeng. com/a/20180129/44862559_ 0. shtml，最后访问日期：2018 年 1 月 29 日。

曹凤岐：《香港金融监管体系及其发展趋势——金融监管体系改革博文（五）》，新浪博客，http：//blog. sina. com. cn/s/blog_ 5f0c53cd0100jafj. html，最后访问日期：2018 年 1 月 29 日。

香港金管局网站，http：//www. hkma. gov. hk/gb_ chi/about – the – hkma/hkma/about – hkma. shtml，最后访问日期：2018 年 1 月 29 日。

马鲲鹏、谭卓：《中国金融监管改革六种设想：英国模式 or "一行两会"》，中国改革论坛，http：//www. chinareform. org. cn/Economy/finance/report/201605/t20160506_ 248406. htm，最后访问日期：2018 年 1 月 29 日。

杨宇霆：《澳大利亚金融监管对中国的启示》，搜狐网，ht-

tp: //www. sohu. com/a/149424117 _ 498715, 最后访问日期:
2018 年 1 月 28 日。

《中国人民银行就〈关于改进个人银行账户分类管理有关事项的
通知〉答记者问》, 中国小额信贷联盟网站, http: //www. chinamfi.
net/News_ Mes. aspx? type = 16&id = 51530, 最后访问日期: 2018
年 1 月 22 日。

巴比特:《瑞典央行计划两年内发行国家加密货币 e – Krona, 成
全球首个无现金社会》, 网易, http: //tech. 163. com/18/0118/22/
D8FFDUNO00097U7R. html, 最后访问日期: 2018 年 1 月 21 日。

《2018 年必须知道的几个加密货币, 或是市场新宠》, 汇通网,
http: //news. fx678. com/201801151346082292. shtml, 最后访问日
期: 2018 年 1 月 21 日。

冷静:《英国金融监管局 FCA 表示监管比特币不属于职责范
围》, 汇亨中文网, http: //cn. forexmagnates. com/2017/12/15/reg-
ulation/77772414731, 最后访问日期: 2018 年 1 月 20 日。

黄艳艳:《中国防范比特币风险 易宪容: 再玩下去都被炒
死》, 中国新闻网, http: //finance. chinanews. com/fortune/2013/12
– 06/5586744. shtml, 最后访问日期: 2018 年 1 月 20 日。

"8·10" 事件, 互动百科, http: //www. baike. com/wiki/8%
C2% B710% E4% BA% 8B% E4% BB% B6, 最后访问日期: 2018 年
1 月 14 日。

中国银行业监督管理委员会:《银监会关于〈网络借贷信息中
介机构业务活动管理暂行办法 (征求意见稿)〉公开征求意见的通
知》, http: //www. gov. cn/xinwen/2015 – 12/28/content_ 5028564.
htm? from = androidqq, 最后访问日期: 2017 年 12 月 29 日。

冯玲玲:《监管靴子落地, 现金贷一夜间变 "烫手山芋"》, 中

国新闻网，http：//www. chinanews. com/fortune/2017/11 - 22/8383
227. shtml，最后访问日期：2017 年 11 月 26 日。

庄胜春：《美团支付遭举报 因为无证经营遭到央行约谈并叫
停》，舜网，http：//news. e23. cn/caijing/2017 - 11 - 14/2017B1400
497. html，最后访问日期：2017 年 11 月 14 日。

薄珂、卡贝：《嗜血现金贷：年化近600% 人死方能债清》，
腾讯财经，http：//finance. qq. com/a/20170301/035697. htm，最后
访问日期：2017 年 10 月 30 日。

纪志宏：《央行官员：金融业务都要纳入监管 金融活动都要
获取准入》，财新网，http：//finance. caixin. com/2017 - 10 - 29/10
1162651. html，最后访问日期：2017 年 10 月 30 日。

英格兰银行："prudential regulation"，http：//www. bankofeng
land. co. uk/pra/Pages/default. aspx，最后访问日期：2017 年 8 月
1 日。

众筹家：《欧洲金融监管如何看待众筹？》，搜狐网，http：//
www. sohu. com/a/153415690_ 264613，最后访问日期：2017 年 7
月 28 日。

张道峰：《银监会修改规定简化中资商业银行部分行政许可》，
中国法学网，http：//www. iolaw. org. cn/showNews. aspx？ id ＝
59502，最后访问日期：2017 年 7 月 24 日。

李奇霖、张德礼：《逐字逐句解读六部委〈关于进一步规范地
方政府举债融资行为的通知〉》，长江网，http：//finance. cjn. cn/
esyw/201705/t3004938. htm，最后访问日期：2017 年 5 月 4 日。

步超：《取消金融高管人员任职资格是行政处罚行为》，北大
法律网·法学连线，http：//article. chinalawinfo. com/ArticleHtml/
Article_ 50412. shtml，最后访问日期：2017 年 3 月 22 日。

中国证券监督管理委员会：《两岸举行第二次证券及期货监管合作会议》，http：//www. csrc. gov. cn/pub/newsite/zjhxwfb/xwdd/201412/t20141226_ 265693. html，最后访问日期：2015 年 12 月 27 日。http：//wiki. mbalib. com/wiki/窗口指导，最后访问日期：2017 年 3 月 20 日。

参见《银监会就〈网络借贷信息中介机构业务活动管理暂行办法（征求意见稿）〉公开征求意见》，http：//www. gov. cn/xin-wen/2015 - 12/28/content_ 5028564. htm，最后访问日期：2017 年 3 月 18 日。

《专家：P2P 监管主体须是中央　地方被过度授权》，搜狐网，ht-tp：//mt. sohu. com/20160120/n435161739. shtml，最后访问日期：2017 年 3 月 6 日。

郭树清：《部分金融产品最终流向无人知晓》，http：//biz. xinmin. cn/2017/03/03/30876809. html，最后访问日期：2017 年 3 月 4 日。

上海证券报：《公报解读：中央和地方两级金融监管体系“上路”》，上海证券报官网，http：//news. xinhuanet. com/fortune/2013 - 11/18/c_ 125717002. htm，最后访问日期：2017 年 2 月 27 日。

欧阳晓红：《中国超级央行要来了?》，经济观察网，http：//www. eeo. com. cn/2016/0409/284880. shtml，最后访问日期：2017 年 2 月 10 日。

楼继伟：《中国正在进行三大改革　外界并不见得理解》，凤凰网，http：//finance. ifeng. com/a/20160416/14327013_ 0. Shtml，最后访问日期：2016 年 4 月 16 日。

方星海、霍达、胡凯红：《〈关于进一步显著提高直接融资

比重优化金融结构的实施意见〉有关情况（全文）》，http：//
futures. hexun. com/2015 - 12 - 25/181425004. html，最后访问日期：
2015 年 12 月 27 日。

后　记

　　时光走到了 2019 年 1 月，这是寒假开始的第一个"工作日"。想起去年此时腰身因过劳而活动不便的我，突然多了一些心酸和心痛。我坐在桌前，又想起 2018 年的风风雨雨，感慨自己生活的不易。1 月 21 日，听着让人感觉好像要"齐步走"的样子，但是这条路走得并不顺畅。很多的因素掣肘，但你依然要负重前行，唯有如此，走出一片蓝天后，心中那份豁然与敞亮才更让人难忘和弥足珍贵。

　　这本书是我主持的河南省教育厅重大课题的结项成果，也是我所主持的第一项所谓"重大项目"。虽然书稿已成，但总觉得自己的研究才刚刚上路，还有很多未尽的事宜需要解决，还有更多未言及的话题需要剖析和澄清。不说太多意味着下一步还有更多需要努力的事，也希望，在新的一年，自己的每一步都走得更踏实，更紧凑，更稳健。感谢社会科学文献出版社李晨编辑的辛苦努力，感谢我的研究生丁其兆为本书参考文献校对所做的工作。

戊戌年腊月十六草于学府

图书在版编目（CIP）数据

中央与地方金融监管的权力配置与运行／谭波著
．--北京：社会科学文献出版社，2019.6（2021.5重印）
ISBN 978 - 7 - 5201 - 4853 - 5

Ⅰ.①中… Ⅱ.①谭… Ⅲ.①中央与地方的关系－金
融监管－研究－中国 Ⅳ.①F832.1

中国版本图书馆 CIP 数据核字（2019）第 089091 号

中央与地方金融监管的权力配置与运行

著　　者／谭　波

出 版 人／王利民
责任编辑／李　晨
文稿编辑／高欢欢

出　　版／社会科学文献出版社·政法传媒分社（010）59367156
　　　　　　地址：北京市北三环中路甲29号院华龙大厦　邮编：100029
　　　　　　网址：www.ssap.com.cn
发　　行／市场营销中心（010）59367081　59367083
印　　装／三河市龙林印务有限公司

规　　格／开本：787mm×1092mm　1/16
　　　　　　印张：14　字数：170千字
版　　次／2019年6月第1版　2021年5月第2次印刷
书　　号／ISBN 978 - 7 - 5201 - 4853 - 5
定　　价／79.00元

本书如有印装质量问题，请与读者服务中心（010 - 59367028）联系

▲ 版权所有 翻印必究